信息化视角下的中小学教育探索

仇立岗◎著

安徽师范大学出版社
ANHUI NORMAL UNIVERSITY PRESS
·芜湖·

图书在版编目(CIP)数据

信息化视角下的中小学教育探索 / 仇立岗著. —芜湖:安徽师范大学出版社,2021.10

ISBN 978-7-5676-5339-9

Ⅰ.①信… Ⅱ.①仇… Ⅲ.①中小学教育 - 教育研究 Ⅳ.①G632.0

中国版本图书馆CIP数据核字(2021)第198983号

信息化视角下的中小学教育探索　　仇立岗◇著

责任编辑:李　玲　　责任校对:吴毛顺
装帧设计:丁奕奕　　责任印制:桑国磊
出版发行:安徽师范大学出版社
　　　　芜湖市北京东路1号安徽师范大学赭山校区
网　　址:http://www.ahnupress.com/
发 行 部:0553-3883578　5910327　5910310(传真)
印　　刷:江苏凤凰数码印务有限公司
版　　次:2021年10月第1版
印　　次:2021年10月第1次印刷
规　　格:700 mm × 1000 mm　1/16
印　　张:12
字　　数:200千字
书　　号:ISBN 978-7-5676-5339-9
定　　价:39.80元

序　一

寻找属于自己的句子

初识仇立岗副校长是在2016年，至今时间不长，但仇校长在信息技术领域的智慧与坚韧行走的姿态，一直让我敬佩。海德格尔曾追问技术，这种追问构成一条道路，仇校长正是沿着这条道路把对技术的追问变成了高难度的自我较量，在技术的不断更迭中实现了自我超越和自我增值，完成了朝向教育原乡的精神扎根。我认为，这本书不仅是仇校长对过去研究的总结，更是他个人学术转向的一个开端。

读完这本书，我的脑海中浮现出海明威的一句话：寻找属于自己的句子。我想，这句话在某种程度上可以看作仇校长创作历程的一个概括。本书的创作历时两年多，透过真实发生的教育场景，仇校长反复追问：技术叠加教育，释放的到底是什么？借着这样的思考，仇校长梳理了在学校管理、课程改革、教学重构、教师发展、学生评价、空间迭代、教育生活重塑等方面的诸多设想和实践。其中，对信息技术管理者的专业定位不断贴近学科思想的本质，对外部信息的价值厘清不断澄明办学的空间和时间，对技术本质的深层理解则不断实现技术与教育的深度融合。换言之，在仇校长的文字中，技术多了一层教育内涵，它既不是概念，也不是理论，而是对教育本身的领悟。借着这样的领悟，仇校长在虚拟中思考，于真实中落墨，且不时向未来探望。我想，只有这样行至当下的句子，才称得上“属于自己的句子”。

这本书内容指向问题的成因与分析。作为有信息技术学科背景的研究者和一线管理的实践者，“问题”成为仇校长书写的一种视角和维度，这些问题不仅有朝向他人的提问，更有朝向自我的慎思，如同人世间始终存在两种教育——面向他人的教育和朝向自我的教育，对这些问题的深思熟虑和具体践行构成了仇校长教育之思与行的源泉，也让这些问题具有了双重含义。因此，这本书更像是一部有纪录片特质的电影，有的指向“实践问题的解决”，具有一定的实用性和可操作性；有的偏重于“个人的体悟”，有个人经历的独特意味，展现出不同的视角和声音，看上去是片段的呈现，实则是系统的思考，用仇校长自己的话说，就是采取碎片化的学习加上系统化的认识方式，而我认为，正是这种零存整取式的书写让人在阅读时有了一种“复调式”的舒畅感。

书有自己的道路，这些泛着思维理性和哲学碎思的文字是思想，也是实践。

对这份寻找，致敬并祝贺，此为序。

扬州市梅岭小学　陈文艳

2021年5月10日

（陈文艳：教育部第二期中小学名校长领航工程成员、全国优秀教育工作者、全国校园媒体先进工作者）

序 二

把平凡的事情做好就是不平凡

2018年，仇立岗副校长成为我主持的青岛市名校长工作室的一员。作为市级名校长工作室，我们一般只招收“一把手”校长，只有少数九年一贯制学校的优秀副校长才有资格加入。在工作室三年的共同学习研修过程中，仇校长担任工作室的秘书长。从他处理各项对内对外的业务中，我渐渐发现仇校长不仅是一个办事高效的校长助手，更是一名有着一定教育见解和执着信念的教育人。这种对教育的坚定理想信念，是当下很多年轻教育干部应当学习的宝贵品质。

该书记录了他从一名普通的信息技术管理人员走上副校长岗位所经历的思想蜕变。他热爱读书，不论是教育理论还是教育实践方面的书，他都大量阅读；他喜欢思考，五年的教育教学管理工作中，他积累了近二十万字的反思。从对信息技术专业领域的研究，到信息技术在教学中的学科融合研究，再到信息技术在智慧管理等方面的研究，对专业技术不断深入的思考使他能够真正驾驭学校智慧管理。

在这本书中，我看到了一位年轻教师的成长，他的教育思想在慢慢形成。就像他所提到的“管理是一场心灵与智慧的修行”，只要怀揣梦想、持续奋进，必然会收获别样的人生。

在这本书中，我看到了一位优秀的年轻教育干部正在走向成熟。有信息技术的专业素养，却又不囿于其中，让专业特长服务于教育管理，这恰恰是年轻教育干部的活力所在。

三年的工作室研修之旅很快结束了，这对于一般人来说只是一段经历，但仇校长却在工作之余将研修的感受积累成书，这种学习精神和钻研态度十分感人。希望仇校长在今后的教育生涯中坚守教育的理想和初心，在教育实践中不断探索前行。

青岛古镇口海军中学　李红梅

2021年5月18日

（李红梅：山东省基础教育专家指导委员会委员、山东省教材委员会专家委员、青岛市名校长工作室主持人）

序　三

教师就要做一名终身学习者

仇立岗初中毕业于青岛第四中学。那时，我是他的英语老师。在学校，他是一位优秀的学生。给我留下深刻印象的不单是他优秀的学习成绩，还有他课堂上渴求知识的眼神和勤奋上进的学习态度。他是为数不多的课后追问老师的学生。他常常因中英文语言结构差异、中西方文化差异给他带来的疑惑与我交流，他追根问底的形象深深地印在我的脑海里。

作为市级教研员，我经常到区县教育部门和中小学调研。2001年轰轰烈烈的教育改革在青岛扎实推进时，我听说他成为李沧区的小学信息技术老师，后又听说他因工作突出成为区教育中心信息技术教研员。再后来，他又回到了学校担任校级领导。在学校，即使分管后勤和德育工作，他也没有放弃对教育信息化的教学研究，并一直坚持学习。

近几年我对他的了解多一些，一方面是因为几乎天天都能在微信朋友圈中看到他的读书分享，另一方面是因为他积极参加青岛名校长工作室活动和承担李沧区名师工作室主持人的工作。我被他不断追求进步、探索改进的热情和精神所感动。

难忘2017年的冬天，我正在出差的路上接到他的电话，他说他想和我交流作为一名校级领导应如何带领教师专业发展，他是如何做到既引领教师发展又坚持做好教学的。那时，我才更详细了解了他工作近二十年的求学之路。他读了两个本科，还考上了山东师范大学的硕士研究生。

为了做一位与时俱进的好老师，他通过大量阅读向李希贵、李镇西、任勇等当代教育名家学习，他每年征订的专业领域期刊达二十余种，藏书近千册。

他不仅珍惜外出学习的机会，而且同事外出学习带回的课件，他也反复学习，唯恐落后。正因为不懈努力，他顺利通过了李沧区教育后备人才考试，成为副校长。

我被他孜孜不倦的学习态度所感动，请他做经验介绍。我想通过他的经历使更多青年教师知道，为了学生更好地成长，教师应时刻以一个终身学习者的姿态走在基础教育实践与探索的道路上，要像仇立岗一样保持旺盛的求知欲，不断学习，并在实践中反思与改进。他接到我给他布置的任务后，发挥信息技术教师的优势，给我做了画面精美、内容翔实的课件。每当我培训时介绍他的成长之路，在场的教师无不被他坚持不懈、积极向上的学习和生活态度所感动和激励。在此，我也感谢仇立岗以自己终身学习的实际行动，带动更多青年教师成长。

听闻仇立岗将自己在中小学信息技术领域和教育管理领域的收获积累成书，我十分高兴。希望仇立岗能够继续保持自己的工作热情，不断超越自己，取得新的成绩。

青岛市教育科学研究院　孙　泓

2021年5月28日

（孙泓：教育部首批“国培计划”专家库成员、正高级教师、山东省特级教师）

目　录

学习交流篇

实践反思篇

学习交流篇

青岛近几年承办了多次国际（国内）教育信息化大会，教育大环境正在推动信息技术与学校教育深度融合。如何充分挖掘信息技术的价值，又不给现有的教育路径添乱，极大地考验着学校管理者对信息技术本质的理解。我们应当厘清外部信息的价值，学会甄别、分析和利用信息，获得安心办学的空间和时间。

新媒体教学与传统教学模式之间的鸿沟

近年来国家、省、市层面都在开展针对信息技术与教学融合的培训，这些培训的“课程菜单”中给出了一些教学应用的解决方案，让人感觉到新媒体一旦进入教学现场，必然会产生革命性变化。但是反观真实的教育现场，大多一线教师对少数开展翻转课堂、自带教学设备的学校充满羡慕之后，回到自己的课堂仍旧是“无技术”教学。

出现这一现象的根本原因是什么？这肯定不能简单地归结为硬件不足、思想保守、技术繁杂等。我个人认为不是硬件不够用，教师不想用、不会用，而是新技术带来的教学模式转型与教师研究能力不足之间的矛盾使然，因而出现了“穿新鞋走老路”的教学现象，如“一起看书”升级为“一起看电子书”，互动白板播放的仍旧是课件等。当然也存在少数将技术对教育影响的“可能性”误认为“必然性”，出现软件学习速度比教学理念更新速度还快的情况。这两种情况都扭曲了信息技术在基础教育中的本来目的。

近期我梳理了国内数十位研究者提出的“翻转课堂”“智慧课堂”等新型教学模式，这些模式看似对新技术实现了无缝对接，但是它们的建构对一线教师的吸引力明显不足。主要体现在两个方面：一是忽略了教育现场对学业质量、教师负担的关注，导致使用了新技术学业质量不升反降或任课教师累得苦不堪言的情况；二是不少模式仅停留在理论层面的论证，缺少基于实证的研究和对学校层面如何保障新教学模式落地的系统思考，导致一旦使用新技术，便会对现有教学样态调整过大的情况，特别是当这些模式从一所学校“复制”到另外一所学校时，效果往往不显著甚至是失败的。因此，新技术在基础教育中“永远走在试点的路上”成为许多城市信息化教学改革中的一大怪象。

如何打通新技术的理论与实践环节，跨越新媒体与传统教学模式之间的鸿沟，建构一种新的教学模式，不用“革命”或仅需对现有教学模式采取温和的“改良”便能让新技术发挥出传统教学模式不具备的作用，成为极具现实意义的研究课题。

2018 年 4 月

如何让基层学校的干部队伍更富领导力

在青岛市李红梅名校长工作室的指引下，我将《领导力：如何在组织中成就卓越》作为本年度精读书之一。经过一段时间的阅读和揣摩，我对基层学校领导面临的挑战有了更深入的理解，现将我对这本著作的阅读体会总结如下：

一、学校领导应该干什么

基层学校领导每天都在三个必选动作（常规运行工作、上级文件落实、突发事件处理）外加一个自选动作（谋求特色发展）所交织的事务堆中纠缠。但一个人的精力毕竟有限，基层学校领导要想从每日的繁忙中脱身，留出时间和精力去谋划学校的发展、感受自我成长的力量，或许不得不面对这样三种选择：一是事必躬亲、身体力行，自己领着干；二是精选干部、提供建议，支持下属干；三是把握方向、激励人心，放手众人干。三种选择其实并不互斥，很多时候在实践中是交织在一起的。这和基层学校所处的发展阶段，以及基层学校领导对学校发展态势的判断、个人的管理风格和管理策略密切相关。除了管理者自身的特征较为稳定外，其余因素总是在不断地变化，因此基层学校领导往往很难科学地判断自己当下最应该怎么做。

虽然对于“学校领导应该干什么”没有标准答案，但是这本书的作者通过数据分析和实证研究之后，尝试给出了一种大概率成为卓越领导的方案。该方案包含三个领域：

（1）领导行为。聚焦出主意、用干部，具体可以分解为以身作则、共启愿景、挑战现状、使众人行和激励人心。

（2）领导品质。注重信誉是领导力的基石，具体表现为诚实、前瞻性、胜任力、激发人和主动担责。

（3）领导评价。关注追随者的认可情况，具体表现为上下级的目标一致性、追随者对集体事务的参与程度。

概括地说，上述方案无非是聚焦“用人”“做人”和“鼓舞人”。可能有人会问，领导都研究与“人”有关的内容了，具体的“事”不研究吗？在我看来，基层学校的领导很多是从不同领域成长起来的专家，这就导致在学校管理实践中，领导视角中的“事”和他人视角中的“事”出现混淆，领导管着管着就会不顺眼，领着领着就成了自己干，将“事”在“人”为，变成了“事”必躬“亲”，这直接导致自己越来越忙，旁观的人越来越多。

二、学校领导如何带领团队走向成功

为了让团队中更多的人提升能力、获得信心，成为学校的专家和骨干，如车头般带动学校各个层面团队快速发展，作为基层学校的“掌门人”，学校领导应该尽快“忘却”自己的专业领域，平等地赏识不同学科教师的努力和进步。只有当我们低调处理自己的“专业权威”后，我们才有可能聚焦领导力的本质，获得对组织来说更有价值和意义的“领导权威”。

领导力的本质体现在三个方面，一是理解影响他人的意义。学校领导必须明确澄清自己的领导哲学，让教师清楚地知道在这所学校里何为“好”。接下来要让管理者口中的“好”被全体教师看到，变成大家眼中的“好”，这就需要运用“好”的标准去树立榜样甚至给予“实惠”。二是了解自己的领导风格。不同的经历使基层学校领导拥有不同的领导风格，而不同的领导风格有着特定的优势、适用条件和劣势。在日常学校管理中，如果不依据具体对象去调整领导风格，必然会出现自己的领导特别适合某些群体，并且在这些群体里获赞不断，而其他群体则对领导行为不置可否，甚至还会出现个别群体不接受领导而传播负能量的现象。在目前的教育条件下，我们必须团结更多的人以适应越来越多元的挑战。三是选择合适的情境发挥领导作用。基层学校领导只有使自己的领导行为与被领导教师的准备程度（能力、意愿、状态）相匹配，才能取得积极的领导效果。具体说来，就是要清晰识别具体教师的任务和要求，随后观察、判断和评估这位教师的准备程度，最后把握时机、调整态度和任务强度进行适宜的领导。举例来说，如果某教师刚和对象闹矛盾，你再批评其工作，无疑会让领导行为无效甚至适得其反。

三、学校领导如何应对不同发展阶段的学校

当领导的大致范式在头脑中形成之后，我们还要思考对自己的学校如何行动的具体问题。在我看来，针对不同发展阶段的学校，应该有不同的侧重。分为四种情形：

第一种是状态低迷、人心涣散的学校。首要任务是管控危机。学校领导要理解教师的价值观、经历和立场，将导致危机的引线暂时搁置，消除弥漫在教师心中的顾虑，因为顾虑只能带来顺从而非主动作为。管理者可以选择敏感度较低的管理行为作为切入点，如改善办学条件、培养干部、培养教师，或者采取较为简单的管理行为作为起点，如明确办学理念、宣传亮点等，尝试一步步地聚人心。

第二种是步入轨道、提速发展的学校。首要任务是确立工作标准，对于经过充分调研而确立的标准要坚定执行，不能因为顾虑个别反对的声音而轻易改变立场。一是做行政改革，把培养中层干部的格局意识作为改革的重点，将管理思维调整为服务思维，用充分的信任给予中层干部安全感，激活他们的创新意识和主动作为的勇气，进而彻底消除推诿扯皮的现象。二是在教师中聚人心，对答应教师的事情投入资源和精力；在学生中开展德育，让德育成为教学的可靠保障。等到教师都理解、相信以后，再进行教学改革。三是关注学生的学习体验，重视家长对学校文化的理解，如建设家长学校、选择家长课程等。

第三种是新建校区、刚刚起步的学校。重中之重是让价值观成为指引学校发展方向的持续动力。对于一所新建学校而言，价值观十分重要，如果想让随后的一批批教师能够快速融入这个新集体，产生持久的动力，必须形成合作高于个人成就的集体价值观，同时还要形成集体的价值观“语言”和可视化的价值观“图像”。新建学校领导要反复检查学校价值

观的清晰度和一致性，特别是要定期组织专家“把脉”。

第四种是传统优势、高位发展的学校。第一，要树立效率导向，因为高位发展过程中快进则兴、中进则退、慢进则衰，这样的学校不会被对手击垮，但效率可能成为拖垮它们的绊马索。这就要求学校领导有效安排自己的时间和注意力。如：将有限的精力用于关注教学制度建设、团队合作、改进具体行为、自己的核心服务对象（干部关注教师和外部资源、教师关注学生和家长）、不同渠道和视角的反馈信息等。第二，要寻找经得住推敲的教师榜样，让教师榜样成为人人尊重和向往的楷模。同时要将管理中的“讲道理”逐步过渡到“讲故事”，毕竟在名校的教师群体中，道理无需多言，故事则更易流传。第三，这类学校的领导力重心可以偏向抓特色，扩大学校的品牌影响力，给想要发展的人以尽可能的帮助，鼓励他们去挑战现状、突破瓶颈、向外发展、创造品牌。第四，每天给自己的团队留出一定的时间，让大家停下来，反思过去，表达情感，重绘梦想，一起感受生活的意义、工作的价值。第五，对于这一阶段的学校，我想会倾听的领导或许就是最好的领导，听教师的倾诉、干部的梦想，促进不同观点的交流，形成互谅的机会和可能。

综上所述，基层学校领导只有精准分析自己学校所处的发展阶段，精确锁定困扰学校发展的问题业务、问题人物，调动自己的全部力量、智慧、勇气和决心去主动作为，方能胜任基层学校的领导工作。如何让“事有人为”“人能胜任”？我想领导者信任干部和教师是非常有效的策略。如果不愿付出信任，则要么所有事情都自己扛起来，要么对每个人、每件事都要监督指导，这样很可能会让他人反感。从当下开始，拿出充分的信任，放下自己的控制欲，关注不同的意见，重视独到的见解，分享必要的信息，在自己的权威领域让权，尊重和允许每个人向着成功努力，给予教师必要的帮助和肯定，赋予他们更多的自主权和选择权，创造属于自己学校的特殊节日，为同事提供发展友谊的机会，在节日里表彰每个人的贡献并记入学校的史册，坚持这样做下去，我相信这样的学校干部最终将拥有卓越的领导力。

2018 年 12 月

让新教师快速成长的秘诀

本学期校长带领校委会集体反思过去一个阶段学校在管理中的经验和教训，大家一致聚焦级部负责人的价值，并开始思考项目负责人的选用。无论是级部联系人还是扁平化管理中的项目秘书，都离不开对年轻教师的任用。如何在任命他们为“级部联系人”“项目秘书”的同时，给予他们实用的方法、工具和策略，让他们这些新手快速成长，成为某一业务领域合格的带头教师，是学校教师培训整体设计时必须思考的问题。去年我去北京十一实验中学与一名该校新教师做了较为深入的交流，现结合北京十一实验中学对新教师培训的一些做法，将我对新教师的培训思考梳理如下：

一、传统的集体备课、青蓝结对等为何不起作用了

我们原先的校内培训往往是以老带新、集体备课、专家讲座、自主研修、课题研究等形式开展。传统做法往往只解决了教学业务链条中很少的一部分问题，新教师很难从中获取到教室布置、工具选择、秩序掌控、活动设计、小组管理、自学组织、个别化观念、情绪掌控、家长引导等“干货”，更别提对教学游刃有余了。

学校张校长系统研究了集体备课和课题研究这两个途径。他认为，集体备课能集合教师智慧但容易走向肤浅和形式化，课题研究能提升教师研究能力但又容易走向“形而上”。再说青蓝结对，我们的出发点是想让新教师学习老教师的经验，特别是经历了庄严的“拜师仪式”后，我们认为“帮助”一定会发生，然而任何自组织能够长期存在的前提一定是“双向互惠”，单向的帮助不可能长久维系，一旦失去了组织上的政策扶持，只是把新人、老人成对地组织起来，必将事倍功半，甚至毫无成

效。最后说一下自主研修，我认为缺少评价的自主学习效率不高，只会让新教师用自己多年前初高中的学习经历来教现在的学生，如果当年的经历是成功的或许可以部分复制，倘若新教师本身就不是名初中、名高中的优秀学生，面对大相径庭的学生状况，没有新的理念、方法和工具的支持，新教师很容易走向疲于奔命的工作状态。

二、如何破旧立新，使新教师少走弯路

既然传统方法效果一般，老教师单向输出的方式难以持久，那么又该如何让新、老教师彼此融合、相互激励、相互学习、相互点燃呢？

（1）学校班子集中研究确定了一个基本的思路框架，即将课例研究做实、做细、做牢，让教研组的课例研究聚焦新教师面临的具体问题，让有经验的老教师出招解答，将学科教学研究提升为学科育人交流。

（2）制订备课组奖励办法，充分调动学科团队发展积极性。如何让老教师倾囊相授？可以将评价捆绑起来，使团队评价等于或高于个体评价，让“传帮带”真正发挥作用。学校可以采取“团结协作奖”的形式，让团队评价与“教学质量奖”平起平坐，实现新教师学之有物、老教师教有实惠的双向共赢局面。

（3）对新教师的特性进行分类识别，对不同性情的人采取不同的指导方式或者指派能兼容的“师傅”。分管学校教师培训的干部必须关注新教师深层的价值观和注意力焦点，了解新教师的个性，接纳他们的短处，发扬他们的长处，让他们学会与不同性格的人沟通及融洽相处，与学科团队的成员建立起真挚、和谐的合作伙伴关系，处理好与学生的关系，减少他们成长中的困顿和阻碍。

（4）确定新教师成长的必经之路，标记锚点，在关键环节提供助力。一方面可以确定教师专业发展课程，采取通关式和积分式评价，让新教师经历必要的历练过程。另一方面经常对新教师开展胜任力的调研，找到其发展中的难题，给予帮助。此外，还要确定激励机制让“师傅”获得荣誉，让徒弟知敬畏有向往。

三、新教师的学习视角如何确立

一所学校构建起校本研训一体化的发展模式后，每位新教师才能快速融入学校的整体氛围中，寻找普遍遇到的共性问题的解决方案，这是新教师成长的基本视角。它包括这样几个层面：

（1）教学层面，包括情绪控制（课堂管理情绪、家校沟通情绪）、时间控制（个人时间管理、课堂效率）、个人形象管理、学习环境布置、课堂问题设计、班内分组策略、诊断与评价、自主学习训练（阅读方法指导）等。

（2）管理层面，包括收齐作业策略（过程提醒、原因分析、及时反馈、态度坚定）、课堂秩序维持、学生评价、小组合作指导等。

（3）技术层面，包括PPT、电子白板、问卷星、公众号等的使用。

（4）精神层面，包括尊重师长、职业规划、追求卓越等。

综上所述，关注新教师的培养和引导，是学校获得长久发展动力的基本保障。在追求质量的路上，我们必须用技术和情感缩短新教师的成长时间，让他们的经验尽快丰富起来，将处理日常事务的效率提升起来，这样才能成为满足学校业务拓展所需的宝贵人力资源。

2019年3月

坐在校长办公室的那个人

——解读青岛启元学校的办学密码

以往参加过的跟岗培训，在一所学校学习最长时间也就是一周，和校长交流沟通的时间至多两天，很难有机会系统地了解一位校长的成长经历和办学理念。2018年，我有幸参加了青岛市教育局组织的校长工作室学习，加入李红梅名校长工作室，学习至今已经半年多。前几日又得到李校长所赠的亲笔签名书《创建一所幸福的学校》。经过认真拜读，我半年多来观察的名校长零散现象得以系统地呈现在头脑中，现将具体收获总结如下：

一、启元价值观

李红梅校长将启元学校的目标确定为“办一所幸福的学校”。其内涵是：拥有适合教师发展和学生成长的办学理念，每位教师做事积极向上，发现身边的优秀之人，同事之间相互支持、相互理解……学校文化传达的重点是：如何让幸福持久，让人获得成功、更有效率、享受生活。这一目标的确立让我肃然起敬，它让工作还原为生活本来的意义，我以前只是想过，没承想人家真的在做。

二、启元大头脑

共启智慧，实现发展。启元的管理思路是走进教室，直击困难，实施“扁平贯通、一体融合”的管理体制。这就需要凝聚各方面的智慧与力量。具体表现在：

（1）抓干部。周工作汇报加干部巡查问题反馈，建立工作督查单制度，确保学校管理有效运转。

（2）促民主。切实关注教代会提案答复率和落实率，完成了全员育人指导计划、每月精彩集体活动、“快乐小屋”教职工子女学习室建设等教师称赞的事情。

（3）做服务。倡导首问负责制，解决教师生活和工作中的问题，消除他们的后顾之忧；关注师生发展，为优秀教师和优秀学生的个性化发展提供平台；后勤工作积极，创设良好的办学环境。

（4）学理论。组织“每月一读”活动，关注干部领导力提升。

在我看来，上面的做法开启了“众筹智慧”的全新管理模式。一个人的水平再高，过去的经历再辉煌，都不敢说能够适应未来不断变化的教育行业的全部需求，只有管理者放下身段，集聚人才与智慧，打造心系学校的“大头脑”，成立自己的专属智库，才是赢在未来的管理策略。

三、启元变革路

（1）管理变革。级部管理（四个学部，四个中心——党政服务中心、教师发展中心、学生发展中心、后勤服务中心），绩效补贴重新核算（劳有优酬）；权力下移（人事、部分财务、绩效评定、活动组织等权力下移至学部和中心，如主任聘任副主任和助理）；分部管理（分级部实施学生管理、教师评价、教学管理、绩效核算）；创新来源（面向师生开展金点子收集活动），以激发活力（人人能谏言、人人能创意、人人有事干），学年末让教师总结学校工作。对于重大活动的保障问题，采取“一人主管，分工负责”的垂直管理；对于新部门的职责理顺问题，采取梳理各部门权力清单的办法。

（2）德育变革。德育课程落地，分为基础性课程（公民素养、学科）、分层拓展实施课程（责任、情感、自我教育、衔接等）、探究课程（研究性学习、小课题等）、实践课程（体验、社会等）、特色课程（节庆、论坛、舞台等）。

（3）课堂变革。让课程“骨肉相连”，做好衔接课程的开发，规划课程实施方案，关注课堂中的情感元素，确定行为规范，让教师以情施教，关注师生情感互融，引入并尝试新的教学模式。

（4）评价变革。对学生开展综合素养评价，采用学分银行管理。在学分制的基础上，采取学院制管理，构建少年学院，实现学生自主发展。

对教师用评价促进融合，设立“功勋教师”“杰出教师”“月度人物”等奖项，重视“工作室”“学术委员会”的作用，促进教师发展与自我评价。

变革的道路可能每个学校各不相同，但是只要有自己的变革诉求和理念支撑，坚信自己的道路，边走边学、不断完善、持续精进，必然会走向成功。由此可见，想要看懂一名校长的管理，不能仅关注他在认知、判断、决策中的“关键时刻”，更要深入生活现场看他们日常的“零零碎碎”，看他在做什么、怎样做、为什么这样做及其所处的环境对他决策的影响。在听校长口述经验（或做报告）时，我们必须慢慢还原和体会被校长无意省略掉的之所以成功的原因，判断是否还有偶然因素，当然核心还是读懂名校长管理行为背后的决策思考模式。对李红梅校长的跟踪学习才刚刚开始，相信三年工作室的学习经历，一定能让我建构起对一所优质学校办学举措的系统认识，从而影响和提升我个人的基层学校管理能力。

2019 年 4 月

对学校特色的深度感知

在学校领导的支持下，克服工作与学习的冲突，我抽出半天时间参加了市教育局组织的名校长工作室培训活动。在培训会上，我聆听了市教育局为了打造名校长而精心定制的课程《一校一品：学校发展的高境界》，回来以后经过两周的消化和延伸阅读，有一些收获，现总结如下：

一、认识名校长的“名”

陈丽教授长期从事校长培训工作，据她介绍北京已经完成了四期名校长培训工程，每期两年，累计共有约八十人参加了培训。根据在北京的培训经验，当校长进入成名成家的发展阶段，必须思考三件事，即如何“立德”“立功”“立言”。所谓“立德”，即树立高尚的道德，在学校实现道德管理；所谓“立功”，即为教育事业建立功绩，在当地形成具有一定影响力的教育品牌；所谓“立言”，即提出具有真知灼见的教育主张。

关于“立德”，我在2014年跟随刘国宏校长学习的一年中，深受这种管理理念的熏陶。随后我又专门阅读了关于道德管理的文献，但是总感觉道德管理说起来简单，在现实中应该是一种较高的追求，即在学校管理中会出现威信比权力更具影响力的局面。这种管理威信的主要构成因素是校长的道德素质、作风以及对事业的追求，这对于校长而言是比较高的要求。

关于“立功”，路径虽然有很多，但在我看来，口碑是评价“功成”的唯一标准。这需要在修炼“内功”抓质量的同时，处理好学校与社区、学校与家长、学校与媒体、学校与教体局的关系，为赢得口碑构建起系统环境。

关于“立言”，我认为可以分两步走，第一步是将校长的“言”立在学校的办学规范、管理规范、文化规范当中，将原则是什么、内容是什么、边界在哪里等问题讲清楚，形成一个清晰的载体，从而在干部和教师间形成共识。近期参观完崂山区育才学校后，我将崔仁波校长的两本书一气读完，感觉他正在做的就是第一步“立言”，即将学校的工作标准和规范“立”入人心。第二步是将校长的“言”立在自己的办学主张所依托的教育理论和教育实践结合点之上。这样的“言”，专家能认可、师生能听懂。

二、理解教育品牌的价值

陈丽教授借用产品品牌的特征，讲明学校品牌所应追寻的美誉度、知名度和忠诚度，希望学校能够从“自我说好”，发展为“别人知道好”，最终成为“别人说好”的状态。

培训中还展示了美国做的一项研究，研究表明，“高效学校”与“高效教师”的组合可以使学生学业成绩得到明显提升。如何驱动学校和教师效率的提升？陈丽教授给出的方案是用品牌化的精神去梳理和阐释办学目标、办学理念、培养目标、教育理念、核心价值等，以促进学校与教师整体提效。

三、学校特色的深度感知

（1）特色发展的层次。陈丽教授将学校特色发展划分为三个层次，即规范化（生存）、特色化（发展）、品牌化（精品）。据此，我们可以很快对自己学校的发展状况进行简单定位，找准当下的问题焦点，瞄准下一阶段的发展目标，同时认清特色发展的层次关系，即传承特色、积累经验、打造品牌。

（2）从项目特色到整体特色。培训中陈丽教授以北京三里屯小学的摄影特色为例，分析了这所有着多年特色项目的小学向整体特色学校转型的过程。三里屯小学的摄影特色经历了多年的传承和发展，当做到一定程度后，学校发现不可能将小学发展成职业学校，于是经过系统分析和专家介入，学校确定了“方寸·精彩”的学校特色，成功地破局，将

"方寸·精彩"扩展至教学精彩、德育精彩、知取舍的文化等学校工作的各个层面。这不禁给我以启示，项目特色与学校特色之间必然存在一条我们尚未发现的路径，不能轻易放弃多年的传承而另起炉灶。只要我们用心参悟，办学理念系统必然可以将项目品牌理念、教学理念、德育理念进行融合再生。

（3）品牌与特色的关系。品牌的核心属性是品质，特色的核心属性是独到之处。当学校确定了要打造学校整体品牌还是学校教育品牌后，即可对学校特色明确定位，开展定性和定量研究，使特色服务于品牌。例如，北京密云区巨各庄中学以"唤醒心中的巨人，成就最好的自己"为办学理念，逐步阐释出"独立、坚毅、自律、求新"等品牌元素，在打造"巨人"教育品牌、发展若干特色项目支撑的情况下，实现了向优质农村学校的转型。

四、打造学校特色的路径

知道特色建设该朝哪里走之后，还要思考如何做。为打造学校特色，陈丽教授给出了三点建议。

一是要进行严苛的自我塑造。在自我塑造过程中必须思考三个系统的建构，即理念系统、行为系统与形象系统。理念系统指明学校特色的目标、理念和价值，甚至要在理念系统的建构中提炼出学校所要打造的"核心素养"。行为系统要关注校长行为、管理人员行为、教师行为、学生行为，甚至包括服务人员的行为，因为学校发展的最大危机是组织变革，而组织变革中最严峻的问题是组织智商的"天花板"现象，只有在行为系统中形成开放的决策层、保障中间层的战斗力、确保执行层不走样，才可能实现有效的特色发展。对于形象系统，陈丽教授提出校长空间领导力的概念，它包含视觉、听觉和嗅觉的领导，她笑说"学校厕所的气味就是校长的品位"。

二是要打造品牌教师。暂且抛开先成人还是先成事的讨论，我们首先必须要做的就是减少学校里的"平庸者"，逐步发展有潜力的教师使其成为"卓越者"。这样随着品牌教师的诞生，学校某项业务的水平必然会被推到一个新的高度。当品牌教师逐渐增多，校长必然有精力去研究发展。

三是实现分布式领导。当学校的工作越来越多，分布式领导必然是学校管理的发展方向。把更多的人放到一线，让干部“带兵打仗”，让优秀教师“冲锋陷阵”，才能实现学校特色发展。

由此可见，要实现“一校一品”的学校特色发展目标，必须经过悟道、力行、臻美的行走过程，从我们业已习惯的舒适区走出来，寻找一条通往品牌学校的路，下定决心，把当下作为人生的起点，全力以赴，改变从此刻开始。

2018 年 10 月

如何让教师顺应学校的改革要求

学校一线管理者在推进教育改革的过程中难免会遇到不配合的教师，但是面对社会对教育的各种诉求，“变”似乎成为唯一的“不变”，这就让我们不得不思考如何在变革中争取更多的理解，让更多的教师成为教育新理念的支持者和践行者。

一、从“道”的层面看待如何引领教师跟随

在我看来，所有改革的初衷都是好的。没有任何一位学校管理者想要把学校办差，但是好的愿望不等于教师一定会认同，只有教师在顺应学校改革中获得幸福感，管理者才能获得拥护的基础。这就需要思考和把握这样几个方面：

（1）让改革成为一种习惯。我们推动改革的目的是让学校适应外界和内部的要求，因此改革的发起者不是领导，而是教育环境。当学校面对问题或挑战而发起的改革成为教师的共识时，当教师认为改革必须进行时，那么改革的初级阻力将不复存在。我们恰恰就是要帮助教师形成改革的习惯，一旦改革的习惯形成了，那么保持习惯则相对简单，改革从此就不再是外来的压力。因此如何巧妙地开始，让改革不是任务而是一项额外的奖励显得尤为重要。

（2）带领教师感受当下的快乐并渴望未来的荣耀。例如，当我们告诉教师如果进行改革，那么很可能获得教学质量奖，这种说法或许能激励一部分教师，但是很多人会觉得遥遥无期，慢慢就掉队了。因此我们必须思考，如何让教师享受当下的改革，寻找改革的快乐与意义，进而让改革取得教师当下的理解和对未来的利益期许。这一体验本身就是引导教师接受短期与长期利益的相互促进。需要特别注意的是，一定要让参与的教师将美好的体验与改革相关联，使其成为教师坚持下去的核心

动力。

（3）明确改革的大目标，引导教师的小目标。改革目标的确立十分重要，心理学研究已经证实，有具体的目标会获得较多的成功机会，同时也会有较好的表现。最终参与改革的教师会在达成目标的过程中收获幸福，目标不再是结果而是意义本身。同时，尽可能地将学校目标与教师感兴趣的小目标或出发点结合起来，使教师内心形成坚定的意志，进而确定自我和谐的目标。可以由教师自己选择改革的过程性小目标，围绕学校改革的大目标想尽办法增加教师想干的事情，减少他们不得不做的事情，这样才会让教师坚定地从事改革。在目标确定过程中，还需要管理者帮助教师制订个人成长计划和专业提升计划，以提升教师参与改革的能力。

（4）改变教师看待“幸福”的思维模式。在上周的专家讲座中，卢志文校长说，在教学改革中，我们习惯于“溺水模式”，无论是对待学生还是对待教师，我们总是给他们压迫式的终极目标，让他们奋力达成从而获得幸福，但是最终达成终极目标的人总是少数，这就导致绝大多数教师和学生在追求成功的路上成为失败者，或者迟早成为失败者。而在改革过程中，我们需要绝大多数教师参与，因此原有的“溺水模式”将不再能激励改革者坚持下去。泰勒·本沙哈尔提出了“恋爱模式”，我将这一模式理解为无论追求的过程有多艰难，都是甜蜜的付出，是爱情的前奏。从始至终的快乐才能确保改革在艰难中前进。

二、从“术”的层面看待如何驱动教师顺应

（1）保持教师对待工作的热情。热情是推进改革的重要因素，我们应当重点思考如何为教师建构幸福的工作环境。通过学习，我总结了三点经验：一是尽量让工作激发教师的才华和潜力，哪怕这种才能和潜力目前没多大用处（与学业成绩相关性较小），但是帮助教师保有创新的激情本身就是学校管理者最大的成就（如同教师保护了学生的学习兴趣）。二是让教师获得更大的发挥空间，让更多的人参与学校改革，而非充当旁观者。卢志文校长在报告中说，学校管理者应当格外注意“相马”与

“赛马”的学校管理文化，否则大家会为校长看见而做，而非为了改革成功去做。三是及时与改革者分享他们业绩的意义和价值，这就需要发挥项目总结、过程表彰的力量，最终让教师将改革任务转化为职业需要，甚至是个人使命。

（2）给教师心灵放空的场所和机会。人不可能总是激情饱满，应该给教师一个场所或机会让他们的信心、热情和充实感互相感染，进而找寻幸福的意义，品味当下的快乐。

（3）及时解决教师之间、干群之间的冲突。学校管理者应当承认冲突是正常的，不要试图掩盖，而要寻找对冲突双方伤害最小的解决方案。

（4）尽量动员更多的人参与。心理学实验表明，95%的人喜欢随大流，参与的人越多，旁观者就越少，反对者就更少了。

（5）为参与教师搭建平台、提供场所，让他们有机会在众目睽睽下描述改革，刺激他们许下承诺。个人一旦许下承诺，中途就不会轻易放弃。

（6）激发忠诚和奉献精神。及时肯定参与教师额外的努力和付出，不要因暂时的失败去打击他们。

（7）适时推出榜样，让观望者或改革中的慢行者有样可学。针对教师的“小圈子”重点塑造“典型案例”，让“圈子领袖”带动改革。

（8）树立改革引导者的权威。在推动改革时，“头三脚”最好由具有一定权威的人来做，而不是学校管理者自己亲力亲为，这样可以起到引导作用。

2019年4月

向高手看齐，在主动求变中突破自我

5月12日上午，在新学校香山论坛的压轴报告中，程红兵校长就校长如何走出“舒适区”，结合自己的工作经历做了精彩的分享。不甘于仅仅做一名优秀语文教师的程红兵，带着对现代教育的无限憧憬来到建平中学，从老区到上海，从“乡下人”到站稳脚跟的“特级教师”，是程校长第一次突破舒适区，战胜恐慌，主动求变的经历。凭借着向高手看齐、不断发展潜能的想法，程校长不断走进“学习区”，突破“恐慌区”，先后经历了从特级教师到校长助理，到常务副校长，到名校的校长，到名校长，再到教育局副局长的一系列角色变换。一次次成功进阶的背后，是程校长不断挑战自我、持续学习、尝试创新的努力。回顾几天来众多校长围绕如何走出“舒适区”开展的实践和反思，我收获颇多。

一、人人向往的“舒适区”只是看上去很美

从副校长的视角看，工作中我往往只看到一件件没完没了的“事”，有些事是为了救火去做，有些事只是为了完成任务去做。我也曾如程校长所说的那样自问：为何我想“岁月静好”，在“舒适区”里做点自己喜欢的事情，可是现实总是“大江奔流”，让我精疲力竭又丢掉了工作原本的意义？

在本次香山论坛一场场精彩的分享中，我逐渐得到了一些启发。要想不断拓展“舒适区”，就必须对每天从事的“事”进行思考：哪些是目前做不好的，哪些是充满挑战和艰辛的，哪些是简单重复空耗生命的，并根据“事”的性质去分类“外包”处理，以便提高效率，让整个团队获得成长。

二、如何确保“外包”工作成功

为了让“外包”成功，要遵循几个原则。一是让对“事”的决策出自执行者的真实想法，进而让执行者成为“事”的决策者，并帮助执行者成功。二是变“事”的压力为激励，激发执行者的干劲和责任。三是为敢于创新的执行者搭建舞台，培育学校的创新团队。四是处理好恩、威、德三者的关系。恩，让教师有收获、有发展，在工作中看见人、成就人、激励人；威，用喜怒哀乐做工具，用规则做保障；德，给予教师公平、信任、关怀，释放每个人的善意。五是驱动学校里渴望发展的关键少数率先行动，用人之长，因人分事，让他们在自己擅长的领域大显身手。六是明确每类“事”的绩效要求，让完成的人有成就感。七是给做事的人以安全感，允许试错，只有这样才能让做事的人提升能力，进而在成事中获得峰值体验。

三、从做事到理顺关系

正如秦建云校长所说，当学校领导者的视角从“做事”调整到“理顺关系”后，我们自然会去思考该做什么，标准是什么，也自然会去宽容做事者的缺陷，给他们信任以激发其自信，给他们责任以鼓励其创新，给他们自由以唤醒其自律。在工作中更加坦诚地对待做事的人，帮助他们去除杂事，让他们感到自己“挺牛”，让工作越来越“舒适”。

总之，本次新学校香山论坛的集训，给我带来了面对问题的全新思考模式，我也将坚定地迈出自我突破的一小步，从而带动自己分管的工作团队取得更大的发展。

2019 年 5 月

理解“理解”是什么

理解是能够灵活利用所学知识进行思考和行动的能力。

——戴维·珀金斯

理解是学习者探求事实的意义的结果。

——杜威

《追求理解的教学设计》一书中对于理解做了这样的阐释：理解的目标是利用已有内容生成或揭示一些有意义的事情，利用记忆中的已有知识去挖掘事实和方法背后的含义并谨慎地加以应用。理解是通过有效应用、分析、综合、评价，来恰当地处理事实和技巧的能力。

反观我们的教学现场，很多教师往往极为关注自己的“教”，关注教学目标是否精准、教学任务是否完成、教学效果是否良好，或者象征性地关注学生的“学”。在一线教学实践中的表现是，教师会花大量时间思考自己要做什么、使用哪些材料、要求学生做什么，而不是首先思考为了达到学习目标，学生可能需要什么。

为了改变这一现象，该书作者将“知道——浅层次的认知目标”与“理解——深入挖掘隐藏在内部的精华”两个概念并列在一起，引发读者思考。接着又介绍了理解的六个侧面：能解释（归纳推理）、能阐明（描述揭示）、能应用、能洞察（观大局）、能神入（感知新价值）、能自知（反思）。相比之下，我们可以清晰地得出不能把“理解”当做事实来教。这就阐明了教师的主要作用，是在课堂上“设计正确的体验，让学生在体验中神入”。

为了达成作者所说的“理解”，书中进一步提出了“逆向设计”理念，即从考虑“教什么”和“如何教”转变为关注“预期结果”。这就需要教师在思考如何开展教与学活动之前，先要努力思考学生学习要达到的目的到底是什么，以及哪些证据能够表明学习达到了目的，这样才有可能产生适合的教学行为。

作者将“逆向设计”的理念分解为三个阶段，即确定预期结果、确定合适的评估证据、设计学习体验和教学。在阶段一中，教师应当思考教学目标，查看已发布的内容标准，检验课程预期结果；在阶段二中，教师应确定合适的评估证据，通过相关证据证明学生的理解和掌握程度，从而知道学生是否已经达到预期结果；在阶段三中，教师应当详细设计学习体验和教学。作者认为只有当教师明确了预期结果和评估证据，搞清楚它们意味着什么之后，才能真正做好教学设计的细节，包括教学方法、教学顺序等。看似激进的反转，其实正是从预期结果思考教学，将思考的基点从教师转向学生。

这就需要我们在组织学生学习特定主题或技能之前，在一个更大的基础性框架背景下认清这些主题或技能所处的情境，否则我们的教学将是低效的。这也契合了当下我们倡导的“单元主题备课”或“大概念下的主题备课”活动。在单元和大概念的牵引下，追求理解的教学设计需要揭示学生的潜在误区、字面之外的未知内容以及对核心概念的掌握程度。换句话说，只有我们放弃“知识导向学习”和“活动导向学习”的思考基点，转变为“理解导向学习”，才能给知识的掌握留下自动产出的万般可能。

综上所述，我们“以学生为本”的教学理念不能仅仅停留在思考和认识层面上，更要从具体操作层面上做出探索，书中对“理解”的深入探究给了我们很好的启示。

2019 年 11 月

从关注专业技能到关切专业态度

利用业余时间我学习了《人民教育》刊登的关于教育家于漪的相关报道，感觉整个阅读过程对自己是一种触动。反思自己，无论是在研发中心从事电教研究工作，还是在学校承担基层管理工作，始终无法跳出追求专业技能、专业知识的层面，心理定位于此越久，事业发展的格局反而越被自我束缚住。

一、坚定的教育信仰让教育者不失初心

于漪老师说，“树中华教师魂，立民族教育根”是她终身奋斗的目标、始终不变的精神追求。我想正是这样一种教育信仰，让一位复旦大学毕业的高才生坚定地在教师岗位一干就是68年，而且从未离开过基础教育的讲台。

反思自己当下所秉持的教育目的，无论是对业绩的追求还是对自我能力的提升，始终是在追逐可量化的各项评选成绩，“全科育人、文化育人、实践育人”似乎只停留在了口号层面。自我的教育信仰是否做到，是否“育分”的同时又关注“育人”了呢？自己教过的学生有多少成了自律自主自强的时代新人？是否敢自信地说，自己教过的学生具备了优良的道德品质、正确的价值取向，哪怕是最起码的积极生活态度？自己的教育信仰是否缺失了“厚植灵魂”？在突如其来的疫情面前，缺少“育人根基”的在线课堂或多或少地凸显出学生“人在线、心离线”的学习困局。在传统的专业知识和专业技能的研修之外，我们还缺少于漪老师这种对于师德修养的修炼，以德正人、以德辅学才是我们最长效、最根本的教育手段。

二、勤奋的教育态度让教育者不断精进

于漪老师曾立下规矩：不抄教学参考书，不吃别人嚼过的馍。正是这种独立钻研，力求自己先懂，再教学生，绝不“以其昏昏，使人昭昭”的奋斗精神和严谨态度，才有了其近2000节公开课的历练。

在于漪老师的身上，我看到了在教学技能和知识之外的一种追求，那就是师者所特有的专业态度以及专业态度支配下的对专业行为的刻意修炼。有的人不屑于“教书匠”的称谓，但是在成为名师的路上哪一位不是从“匠人”“匠心”开始的呢？换言之，对待教书这件事情本身所秉持的专业态度甚至大于知识与技能。没经过多年勤奋积累的专业行为训练而获得的教育成果，如何能走出校门？

三、丰厚的文化底蕴让教育者魅力无穷

于漪老师认为，做一个老师，更需要拓宽视野广泛学习，因为现在的社会，它的科学精神和人文精神，有很多地方是可以交融的。因此，于漪老师不断汲取多领域的知识。

反思我们当下的一些教育者，往往因为自己在某个领域、某些方面取得了一星半点的成绩，或者说成为区域内的“专家”，就不再喜欢教研，排斥读书，甚至喜欢指手画脚、点评别人。长此以往，这些教育者将彻底成为失去了创新能力和建构能力的批评者。我们只有像于漪老师那样，在研究教学知识与技能之外，同时关注通识性教育理论和实践经验，学习人文和社会科学知识，才能让我们的课堂无论是线上还是线下，都成为学生热议和追捧的课堂，教育者的魅力也才会得以彰显，学习才终究得以成为学生自己的事情。

四、合格的教育干部让教育生态不断优化

于漪老师将对校长的期望提炼为“三个制高点”：一是要站在时代的制高点上，二是要站在战略的制高点上，三是要站在与基础教育发达国家竞争的制高点上。这一思想一举突破了学校的微观定位，把学校办学

使命与国家和民族命运紧紧联系起来，大气磅礴、语振四座。

反观自己的站位，我深感自惭形秽，对自己分管领域的规划站位往往定位偏低，一方面体现在行为雷同、特色不彰上，另一方面体现在对教育主管部门的要求落实上，或多或少存在只是完成任务而非追求完美的情况。正是自己视野不开阔、站位不高远，直接决定了学校分管领域办学水准只能依赖生源的状况。我们基层学校管理者要跳出自己学科、专业的背景局限，从区域全局、社会全域整体系统地观察和思考教育生态。

总之，于漪老师成为基础教育领域唯一荣获“人民教育家”荣誉称号的教师，有着其深层次的原因，这些闪亮的“深层优点”我们看得见，但是想要学成必须要有一颗恒心，拿出敢于走出“舒适区”，走进“学习区”，甚至挑战“恐慌区”的勇气。在学习于漪老师事迹的同时，她伟大的人格魅力激励着我、鞭策着我，我将在于漪老师的精神鼓舞下不断努力，全力前行。

2020 年 3 月

一贯制与集团化办学的困局与破局

10月12日受校长指派，我参加了青岛市九年一贯制学校联盟首次会议暨联盟启动仪式。根据会议安排，我们首先参观了市北启元学校和崂山育才学校两所发展较好的九年一贯制学校，听取了两所学校校长在一贯制学校运行方面的经验介绍；接着聆听了市教科院柴清林院长从政府视角、研究视角对全市九年一贯制学校运行现状和发展展望做的报告。报告结束后，市教科院马建华博士介绍了全国九年一贯制学校的发展状况，随后和参会的青岛市16所九年一贯制学校的领导就各自学校的发展情况进行了座谈交流。此次会议给了我较大的触动，现将我对此次会议的思考总结如下：

一、一贯制与集团化办学面对的现实问题

从今年区教体局对干部调整、教研员配备的方向上可以看出，区教体局十分重视中小衔接工作。特别是和我一间办公室的两位中学副校长都到小学去担任校长了，这让我开始思考，不管是区县层面的一贯制举措还是单个学校的一贯制行动，都要面临这样一个状况，那就是不同办学层次（中小学学段间）、发展水平（集团化分校间）的学校拥有的文化、课程、资源、信息、人员、外围环境等存在较大差异，这些差异存在于师生行为特征、心理认知等方面。学校管理者该如何面对这些问题？

1.现实中操作困境的主要表现

（1）年级跨度、距离跨度造成的管理差异。传统的垂直管理面对九个年级、多个校区，一套机构已经不能驾驭。（2）学生间互动少造成的文化差异。校级间、学部间不能互相理解，不能形成统一的校园文化。（3）课程不对接造成的质量差异。衔接课程、特色课程都需要课程整体设计和教师质量的保障，但是班额的不统一、生源的差异、师资的差别

让统一的质量水平成为一种奢求。(4)教师工作经历造成的融合差异。中小学教师不同的知识结构和工作方式、学生特征等，造成了彼此间理解困难，用什么来促进理解，挑战着管理者的智慧。

2. 困境形成的原因

(1)各种合作行为都要面对差异，这给学校管理者、活动策划者提出了较高的要求，而这一要求对于传统思维和传统学校培养起来的干部来说是一种挑战。(2)分散的办公环境下，让所有人理解学校主要领导的办学理念是一件极度劳心劳力的事情。(3)学部间、学区间的资源输出往往力不从心。在教师编制严控的今天，各学部、各学区往往自身难保，更不用说彼此支持。(4)文化的"阻隔力"大于行政的执行力。我们可以通过教师代表大会用"统一"的文件传达"一致"的思想，但是隐藏在教师内心的不认同，往往直接导致在一些工作中出现"非合作弱抵抗"状态。

二、破局的方法

王定华在任教育部基础教育一司司长时表示，择校热需标本兼治，首先要继续推进义务教育均衡发展，鼓励有条件的地区试行市域均衡，同时通过学校联盟、集团化办学、划分大学区等方式，迅速扩大优质教学资源，这是根本之策。在这一治理理念的指导下，一贯制学校和集团化办学或许在未来一段时间内，将是一个尝试满足老百姓从"有学上"到"上好学"实际需求的举措。这就需要我们从实践中收集和提炼有益的操作经验，就像柴清林院长所说的，这一试点只能成功不能失败，失败了就是对一批孩子的不负责。

1. 弥合差异应遵循的原则

无论是学部间还是集团内学校间，需要把握这样几个原则：(1)民主平等原则。就像青岛滨海学校李全慧校长在交流中说的，我们不能用简单的投票确定民意，因为学部间人数不均衡，常常导致"假民主"的出现，使一部分人绑架另一部分人的情况发生。(2)双向互动原则。无论是学部间还是集团内学校间，流动和交流都应该是双向的，即听到彼此的声音，尊重彼此的利益，在交流过程中抓住优质资源的精髓，满足对方的需求。（3）构建信任原则。无论是学部的管理还是校区的管理，只有充分信任和授权，将传统的集权式管理进行重组，才能节省主要管理者的时间成本，让他们成为有时间思考的人。（4）文化重塑原则。打造一致的文化理念，从行为模式的简单模仿和人员的派出支援到思维方式、职业信念、工作习惯、向心力形成等多个层面进行跨文化重塑。在这条路上我们不能心急，要采取微调方向、允许跑走并存的微步改革。

2. 可操作的办法

结合青岛沧口学校四年多来的摸索以及兄弟学校的经验介绍，我认为可以落地的举措主要有这样几个：（1）管理体制的改革。从垂直管理的方式转变为“级部管理+条块统筹+项目负责”的分级治理体系，解决跨学部、跨校区的管理问题，同时打造学校统一的文化符号。（2）课程建设的一体化改革。建设衔接课程（不仅是知识点的衔接，更重要的是心理接受能力和学习偏好的衔接）和走班课程（专业课程选课走班，按学案分层走班，跨年级融合课程走班），构建精准分层的学校育人目标及课程实施方案（教学资源开发）。（3）人才培养体制的建设。让新教师跨学部、跨校区交流，使其拥有不同的文化视野。研究针对性更强的考核办法，形成紧密式的大学科课例研究制度。（4）学生综合发展评价的统一。用“个人学分制+合作积分制+学院管理制”解决跨学部、跨校区育人质量标准不一致的问题。

综上所述，面对一贯制与集团化办学的新局面，我们只有保持开放的心态，妥善处理其中的问题与矛盾，采取积极的思维，才能整合利用辖区的人力与智力资源，实现“1+1>2”的神奇变化。

2018 年 10 月

北京十一学校联盟育人模式的教育密码

根据安排，我带领学校的教研组组长和骨干教师赴北京十一实验中学进行了为期一天的寻标对标学习。虽然早在半年前就阅读了张伟校长在签约时带来的多本蕴藏着十一学校联盟育人理念的专著，但是当亲身走进海淀区这所“十一学校联盟校”，我有了更多真切的感受。现将我的思考总结如下：

一、体会“十一学校联盟校”的公共基因

北京太平路中学在2016年7月正式加入北京十一学校联盟，更名为北京十一实验中学，短短两年时间便成为海淀万寿路学区一所有影响力的完全中学。在外人看来，十一学校联盟的育人模式即在“创造适合每一位学生发展的教育”理念下，通过“小班化的选课走班”和“大量优质师资保障”实现个性化、有选择的教育。由于体制问题，这些办学方式是很难被公办学校成功复制的，但北京十一实验中学为什么能够学成学好？在我看来，它经历了全体教师从学科教学到学科教育的全面转型，也经历了全体学生从传统学习到自主规划、自我管理的生命成长。这种转型和成长就是十一学校联盟办一所成一所的核心要素。

二、保障适合学生的课程落地

“创造适合每一位学生发展的教育”这一理念的落地必须与课程对接，但说起来容易，做起来困难不少：一方面是课程数量如何保障，另一方面是课程质量如何保障。带着这两个问题，我们与北京十一实验中学的干部教师进行了深入的交流，得到了这样几种策略与方法。

（1）建构丰富可选择的课程。学校教师对于依据课程标准建构选择性课程形成了统一的认识。在他们看来“有选择必然有责任，有责任才

会有成长”，同时“有选择才会有自由，有自由才会有创造”。因此，在课程顶层设计时，学校便规划了分层、分类、综合、特需（枣林书院、援助课程、特种体育）四大类课程。为了保障课程在执行中的一致性，学校利用每一个暑假和寒假，统一组织为期半个月的课程设计培训，在这段时间里，教师将对课程进行解构和重组。

（2）将学习与生活在实践中打通。作为对国家课程的补充，学校将游学设为必修课。游学不等于旅游，在游学中，学校将学习任务与学科知识进行关联，实现了从课堂到生活实验场、同伴交流场、游记反思场的拓展。

（3）评价与激励保障课程的效果。和任课教师交流中，我了解到在分层、分类后，由于传统的教学行政班取消了，任课教师往往“抓不到”学生，即便想加课、想改错都成为一种奢望。因此，确保课程实施质量，成为学校必须面对的问题。北京十一实验中学的做法是精准设计“学习目标蓝图”，不是采取简单的分数评价，而是采取周评价（统一的云评价系统）和学段诊断（知识点掌握反馈）进行教学干预，补差的做法是提供多样化的作业并辅以自助式的自测及自测答案。

（4）将“内涵式自习”作为学生自主成长的关键一环。为了正向激励，学校设计了“自习棒”，作为评价自习效果的标记物。完成规定的自习任务后，学生可以获得“自习棒”，并用“自习棒”兑换奖品。在评价实践中，主管教师感受到评价载体中，体现师生关系的评价形式 > 学生内心喜好的评价形式 > 货币价值高低的评价形式。

为了自助管理，学校组织了“自习志愿者”。“自习志愿者”往往先从“捣乱者”中选择，虽然他们从被管理者转变为管理者，可以不用参加自习了，但是学校让他们在管理过程中，记录违纪人员和违纪原因，以及自习管理中印象深刻的事，观察自习中别人在做什么，并反思自己的自习行为。通过管理者与被管理者的身份转化，学生的时间分配、学科规划能力得到提高，进而实现了从自律向自主管理的显著提升。

三、感受学科教室的专业氛围

北京十一实验中学全面采取走班模式，因此传统的教室消失了，全部转变为学科教室。每间学科教室配有两名学科教师，与走班的学生构成一个学习场。这样每间教室的时间和空间将全部为这一学科所用。由于教室具备了学科属性，因此变成了专业的“思考之室”。

在与学校主管教师的沟通中，我了解到，每间学科教室都由三个关键要素组成：一是丰富的学科学习资源，二是让资源与学生发生关联的活动与平台，三是浓厚而有兴趣的思考氛围。先说资源，学科教室配备学科专业书籍，让学习资源靠近学生、持续更新。学科教师负责筛选书籍并采取开放式管理方式，让资源与工具随手可取。再说活动，学科教师设计有趣的活动让学习资源“活起来”。在我看来，这是提升资源与工具使用率的关键，即让学生对学科资源感兴趣、喜欢看并且能够看得懂。传统的依靠行政检查推动的学科仪器、图书资源等的使用，往往是检查时补一补，平常一层灰，为了资产管理方便，甚至有些学习资源是上了锁的。到底是“不好用”还是“不够用”，破局的关键往往不是上级的行政管理，而是学科教师的专业热情。

短短一天的学习和参观，只是让我浅浅地了解了北京十一实验中学育人模式背后的一些支撑因素。但是除了课程体系、教学组织形式之外，我想还有一些同样重要的因素，不是短期学习便能获得的，如学校的治理结构如何发挥作用，如何确保教师队伍有品质地发展，日常管理如何有效落实等。借用李希贵校长的一句话，管理的目的是让每一个人都成为自己的首席执行官。想要实现学校的转型发展，校长和中层干部必须重新分配管理精力，将原先管别人的大部分精力用于向内观察，谋划管理自我的内心。

2018 年 12 月

访问青岛为明学校、青岛中学有感

本周二迎着朝阳，我跟随青岛市李红梅名校长工作室同行来到青岛为明学校和青岛中学交流访问。我心中对民办教育的认识原本仅仅是高收费、强配备、抓应试等，但是当近距离接触了这些全国名校长带动下的民办教育后，我原来的想法被彻底颠覆，现将我的感受与思考总结如下：

一、在为明学校我感受到民办教育的春天来了

上午工作室一行人来到青岛为明学校，为明学校孙玉强副校长首先整体介绍了学校的办学情况，随后大家在学校剧场观看了为明教育集团在全国的布局以及青岛为明学校建校几年来的发展情况，而后实地参观了学校的建筑布局、课堂环境、文化建设以及特色处室等。参观完毕，大家来到会议室与教育部“更新教育观念报告团”成员、中国教育学会初中教育专业委员会副理事长雷丽霞校长进行了座谈交流，雷校长从政策环境、办学定位、课改措施、学校特色课程等方面做了介绍。

座谈中我了解到，开发区政府为了支持高端民办教育发展，一次性投入500余万元将为明学校民办教师的养老缴费基数调整到与公办教师一致，使得为明学校对教育人才的吸引力大大增加，原来的身份问题已经不再是困扰民办学校教师队伍稳定发展的绊脚石。同时，依据《国务院关于鼓励社会力量兴办教育促进民办教育健康发展的若干意见》，开发区政府在学校基本建设、设备购置等方面对学校进行了扶持，几年来如数拨付了生均公用经费，使得为明学校办学资金更加充裕。

在教学研究上，民办教师展示出了分外敬业、深入研究的一面。高中部和小学部的两位领导讲述了为明学校对新课程理念落地的诸多探索，特别是他们谈到学校发展的法宝就是支持学生的个性化学习。民办学校

的小班化教学使得教师有精力关注每个学生的学习状态，学校又对不同层次的学生进行了多元化培养，试图为每一位学生找到一条适合的路。

随着办学品质的提升、中高考录取率的节节攀升，为明学校已经进入选拔性招生阶段，加上学校采取全额减免学费和部分减免学费的奖学金办法，吸引了更多的优质生源。通过交流，每一位到访者对于为明学校在短短几年内取得的教育成绩都表示了由衷的钦佩，我对于高端民办教育的办学路径也增加了了解。

二、在青岛中学我感受到一流办学愿景的力量

简单的工作餐后，工作室团队马不停蹄，赶往青岛中学开始了又一场学习交流活动。在青岛中学张建荣主任的陪同下，我们参观了学校各功能区布局及极具特色的各类学科教室。参观过程中，青岛中学学生表现出的自信大方给团队成员留下了极为深刻的印象。由于沧口学校原本就是和北京十一实验学校对标发展的，因此青岛中学的学科教室建设、全课程走班等做法，我并不陌生，但我还是被大气的建筑格局、宽敞的学科教学空间、众多的高端专业课程所震撼。

参观结束，我们来到圆形会议室与教育部中小学校长国家级培训专家和北京十一学校分校校长、青岛中学校长汪正贵进行了交流。汪校长向我们详细介绍了青岛中学在课程育人方面所做的积极尝试：学校建构了在认识自我、探寻时空、多样表达、探究规律、社会运转、共享地球等六大领域总目标引领之下，围绕话题进行的行为设计和课程资源整合的融合课程框架，打造了包含语言与文学、数学、科学、人文与社会、艺术、体育与健康、技术、商学与经济学等在内的十二年一贯课程体系。

交流中有两点让我颇为震撼，一是学校对课程的定位之高让我震撼。汪校长表示，青岛中学视课程为学校产品，通过课程为学生成长提供服务。课程的丰富性、选择性、经典性和与学生生活的关联性，是学校一流教学和多彩生活的保障。青岛中学将以七分的等待、三分的唤醒，帮助学生发现自己、唤醒自己并最终成就自己。二是学校对教育的自信让我震撼。青岛中学瞄准的是中国教育之根，建构让国人在世界范围内自

信的教育。这种自信来自对十一学校教育前期成功探索的全盘移植，还来自提前一年招满高端人才的储备。教师脱产一年安心研究课程，国内外名校众多硕士、博士的加盟，也让课程质量不再成为学校管理层担心的问题。

独立思考，整装出发，切磋琢磨，实干筑梦。一天的学习，让我看到高端民办教育的样态，也使我的教育视野进一步开阔。从当下能改变的事情开始，相信我们公办教育的路会越走越宽。

2019 年 3 月

一所普通学校缘何走出全国名校长

2019年12月18日，根据市教育局的工作安排，我有幸参加了教育部校长培训中心主办的教育部第二期中小学名校长领航工程“白刚勋校长工作室”揭牌仪式。在揭牌仪式上，我聆听了白刚勋校长关于推动学校课程改革的专题报告，以及学校化学团队教研组组长刘翠关于开展项目式学习的主题报告。我一边听着报告，一边思考为什么青岛第三十九中学（简称“三十九中”）这所普普通通的高中能够走出全国名校长？白校长成功的核心要素到底是什么？

一、找准定位和前行方向

在《义务教育学校校长专业标准》中，排在首位的专业职责是“规划学校发展”。白校长将三十九中的发展观定位为“问题即机遇，生命的价值在于创造价值”，这一定位看上去并不“高大上”，却实实在在给了学校、教师乃至校长本人开放包容、创新发展的可能。三十九中也提出了教育生态的观念，但其生态是有明确指向的，它指向“在研究中学习，像科学家一样思考”。这看上去有点“远离”高考，却真真切切给了孩子们越级发展的视野和未来专业学习的兴趣。或许正是这凝聚智慧的定位，给了他从容应对高位发展的更多可能。

二、把握发展的核心要素

标准中第五、六项专业职责为“优化内部管理”“调适外部环境”。内因是事物发展变化的根据，规定了事物发展的基本趋势和方向；外因是事物发展变化不可缺少的条件，有时外因甚至对事物的发展起着重大作用。在白校长的介绍中，我很清晰地看到这两点在三十九中真正落地的样子。白校长认为当外因不具备时，内因难以发挥作用，运用好外部资源，创造良好的外部环境，为内因的发挥创造条件才能让学校得以发展。

1. 学校将外部资源作为学校发展的核心支撑力

学校围绕中国海洋大学附属学校的招牌，深耕海洋特色，先后与中国海洋大学、中国科学院海洋研究所、国家海洋局北海分局、青岛海洋地质研究所等机构签订协议，聘请了100多位专家组成兼职专家团队。同时，建立博士工作站，先后有200多位博士驻站指导学生开展海洋课题研究，保证了学校每周一节海洋专家课堂的常年实施。此外，还借助于高校及科研院所、海洋生物科教馆、郑守仪院士实验室等资源，成功突破了硬件对学校发展的限制。除了和体制内的单位联合，学校还开拓思维，与华大基因青岛明月海藻集团签订协议，实施联合育人。在向外联系争取资源的同时，学校还借助于青岛市教育局的力量，实现了与北京师范大学的合作。在北京师范大学9个学科专家团队，每个团队每年6次指导的高频率支持下，学校在“项目式教学”这一全国都在做的热点领域，取得了有自己特色的研究成果。

2. 学校将教师发展需求、学生发展需求锁定为学校发展的内因

为了支持特色发展，学校专门设置了海洋教育研究室、项目式教学研究室。为了构建全新的海洋教育机制，学校专门建立了30项保障制度。此外，学校还建立了21项制度以保障项目式教学的实施。学校设立了“功勋教师”“专家教师”等校级奖项，以表彰在教育教学改革中做出突出贡献的教师。学校还专门拍摄优秀教师纪录片，将学校课程改革与教师专业发展甚至是个人生活紧密结合起来，激活教师的职业成就感。学校还将大型会议活动作为推动教师拔节成长的契机，两年来承办了6场高水平现场会，70余位教师登上了展示的舞台。

可见，三十九中正是将学校发展的内、外因打通，让学校实现了一次次不平凡的越级发展，教师素质也得到了全面提升。

综上所述，学校的发展与教师的发展往往是相辅相成、水涨船高的交互过程，两者的发展都离不开有远见的规划力和对资源的调配力，而这两种能力的提升恰恰是当下学校发展中容易忽视的内容。

2019年12月

创造向外学习的更多可能

2019年末，在教体局工作会议上，各学校汇报了本校一年来的寻标对标工作情况。会上，教体局下发了全区寻标工作经验汇编《寻标先进，对标优质》一书。由于以前曾分管过此项工作，因此我格外认真地学习了各学校的具体做法和收获。教育系统的寻标工作从无到有，经历了一年的发展，无论是形式还是内容都凝聚着李沧区基础教育管理者的智慧。如果把各校2019年的寻标工作主线确定为“想跟谁学+想学什么+学到了啥”，那么2020年的寻标思维必须从这三个方面全面升级，进一步聚焦“最契合的寻标方式+寻标对象的细节锁定+如何让对标学校真心教”三个实质问题。当寻标的层次进入较高水平、前面无路可以借鉴的时候，如何继续走出精彩，势必成为各校2020年需要重点思考的一项工作。要想将寻标工作做出亮点和实效，必须使寻标思维模式全面升级。

一、如何找到最契合的寻标方式

外出寻标受到对标学校方便与否和本校经费情况、可派教师规模、教师学习能力等多种因素影响，因此不一定是唯一可行的寻标方式。在沧口学校时，我曾经为了增加受众面，尝试在“外出寻”的基础上，增加“请来巡”，凭借青岛的区位优势，在合适的时机邀请对标学校前来巡回指导，得到了不少宝贵的经验，也与对标学校结下了深厚的友谊。

其实要想实现较好的寻标效果，避免走马观花式的参观学习，应该找到对标学校最合适的时间节点。这个时间节点可以是对标学校承办重大活动的时机，也可以是对标学校推动核心改革、进行重大政策调整、召开常态会议或参加当地区片活动的时机等。为了不错过好时机，借助于互联网的寻标方式可以成为一种高效可行的寻标方式。

二、如何将寻标对象的细节锁定

从寻标“优质学校”到寻标“合适项目”，将是下一步寻标转型升级的关键所在，它包含两层含义。一是进一步聚焦想学的内容，预先思考对标学校的优质做法与本校的契合程度，在筛选和聚焦后开展专门学习。因为名校的成功经验，往往有其特定的文化积累、物质资源丰富程度、师资水平、政策环境等支撑，并不是可以全面复制的，因此不能随便地“择其善者而从之”，而是要选择适合学的项目去学习。二是要拓宽选择的视野，在更大范围内选择对标对象，不一定要寻“名校”但一定要寻“高招”，在全国范围内选择可以部分超越的标杆，将会让寻标工作更加务实。

三、如何让对标学校真心教

如果对标学校只是把接待寻标队伍当成例行公事，我想寻标效果肯定会大打折扣。因此如何让对方想教，是我们避开“花架子”学到真功夫必须解决的问题。

（1）把寻标这一公事当成私事办。让寻标教师用交朋友的心态与对标学校的领导和教师相处，诚恳的态度和必要的礼节是拉近关系的重要一环。

（2）为双方搭建一个共同的平台。有句俗话说，“要想关系铁，一起同过学，一起扛过枪”。要想将仅有数面之缘的双方关系牢固建立起来，需要搭建一个经常性的交往平台，如共同参与或完成一项任务等。

（3）为寻标人员营造一个包容生态。寻标对于学校来说是一个新事物，它的出现必然产生一系列问题和困惑，因此给寻标人员一定的政策倾斜或者容错心态，为寻标或者送标来校的人员提供人性化的支持与服务，将是寻标工作保持创新与活力的一个重要因素。

（4）为寻标人员提供一流的视角。出去学习如果带着一个空白脑袋，即便是受到启发也是浅薄的。因此，在外派人员时，一定要开展前期培训，让他们清楚学什么、和谁学，甚至对于所学领域的前沿成果有所了解，揣着问题去，才能带着“明白”回。

（5）变“学校学学校”为“教师学教师、学生学学生”。寻标的效果最直接的表现应当是寻标亲历者的变化，因此我们要鼓励本校教师和对标学校的同行结对，甚至让有同样特长的学生结对，让他们在共同的背景基础上打通心路，最终实现寻标成果的具象化。

综上所述，寻标对学校来说是新事物，同时也是我们实现跨越式发展的一个契机，谁能够借势而上，谁就能赢得未来的发展先机。

2020 年 1 月

学校教育创新的路径何处寻

本周在“学习强国”平台里读到一篇文章，提到了习总书记的“创新观”。习总书记指出，“创新是一个民族进步的灵魂，是一个国家兴旺发达的不竭动力”，“要把创新摆在国家发展全局的核心位置”。

对上述内容学习之后，我不禁开始审视自身所处的教育大环境，以及我们习以为常的学校教育。我们身边的教育在被年度校历、学期计划、周计划、课间铃声切割后，教育行为被锁定在一个个框架之中，留给我们教育工作者创新的空间似乎很小，基本只能按部就班地完成工作。从已经定好的教育行为框架来看，学校教育创新似乎不再重要了，但事实真的如此吗？现将我对这一问题的思考总结如下：

一、足够的勤奋务实能否代替创新

上海师范大学教育学院院长陈永明曾做过这样一段描述：“常常见到这样一些校长，他们身先士卒，吃苦在前，到校早、离校迟，在繁重的行政事务之外，还兼课；他们对学校的各项工作事无巨细，在学校建立了一套严格、细致的管理制度，职责到位，赏罚分明……但是，他们往往发现，身先士卒未能带动教职工自觉跟上，事必躬亲却使自己感到分身乏术；再严格的制度总让人有空子可钻，过于细致的管理制度令老师厌烦，管理者的严肃面孔容易引起教师反感，心中的既定目标总是难以实现，办学水平仍在原地徘徊。”应该说，书中描述的校长都有强烈的责任心和事业心，但他们只能算作学校的管理者，而不是事业开拓者、业务创新者。如果离开了创新精神和大胆求证的科学态度，或许我们无论如何卖力，都无法实现“人民满意的教育”这一目标，最多只能算“人民不指责的教育”。

二、学校从何处创新

（1）从规划中寻找创新和超越的品性。一所学校想要从“千人一面”中走出来，必须重视学校规划。撰写学校规划的过程，就是学校上下共同学习、构建一致愿景的过程。只有经过了上下一心的寻梦过程，校长的“梦”才会变成学校全体教职工共同的“梦”。在这样思想统一的基础上，每位教职工才能获得创新和超越。

（2）从学校品牌的塑造中寻找创新的力量。学校品牌是一种识别符号、文化载体，方便公众熟知和传播。如果当人们提起一所学校，没有可以称颂的方面，那么它很难得到发展，更不用说创新。打造和彰显学校品牌，如同开发一个产品，是从无到有的过程，也是对外界的感知和对内部的鼓舞，必然成为教职工“不待扬鞭自奋蹄”的荣耀感召。

（3）从不同声音中倾听创新的见地。学校处于复杂的社会关系网络中，学校的教职工既是教育行为的参与者、实践者，更是见证者、利益相关者。根据布里奇斯的“认可区”理论，当基层学校管理者遇到不同声音时，应当认真倾听反对的声音，适度整合反对声音中合理的成分后再加以决策，这样才能消除不信任感，克服学校创新的阻力，从而提高士气，调动集体的创造力。

（4）从解读名校长决策行为中获得创新的能力。三年跟岗齐鲁名校长以及一年在青岛市名校长工作室的学习经历，让我认识到这样一个规律：传统的校长一般习惯于传达式的工作，因此上级的要求、兄弟学校的做法往往是自己决策的重要参考，这样管理的核心就是执行力，学校的好坏往往取决于管理团队执行力的高低；而名校长的“名”，恰恰是不过度依赖执行力，而是与他们长期主动思考历练出的“创造性决策”有密切关系。这种创造性决策，就是将与兄弟学校手中原本相差不大的“牌”重新组合，产生新颖、独特、有向上向外价值的打法。因此，总结名校长在各种复杂条件下的“出牌法则”，特别是关注他们的超强联想力，将是我们获得意想不到、可行性高的创新做法的快捷方式。

（5）从树立创新榜样入手形成创新氛围。要实现从无到有的创新，离不开创新者的自主驱动。因此，关注可能的创新榜样，给创新者提供样板和期许是教育管理者需要布局的重要方面。一方面要尊重老教师的经验，确保创新实实在在进步；另一方面要善待有个性的教师，管理者心中要容得下他们的“怪脾气”，因为他们往往具备创新的禀赋。此外，还要建立发展性教师评价制度，避免创新成为几个人的事情，激发教师持续创新与追求卓越的欲望。

（6）从识别创新关键点入手提升创新实效。我认为创新的关键点在于教师的终身学习，学校管理者要为那些终身学习者松绑、搭台、捧场、加冕，让他们带动整个学校的学习氛围，特别是要鼓励教师跨学科学习，跳出自己的专业背景，从政治、哲学、人文等多个视角去学习，获得教育领域内创新的思想源泉，实现有效创新。

总之，我们身处的世界每时每刻都在发生变化，教育行政部门和家长对教育的要求也每时每刻都在发生变化，学校管理者只有在理论和实践的两个层面不断创新，才能适应外部环境对学校教育的动态要求，否则只会让学校忙碌而混乱，规模扩大而质量不强。

2019 年 3 月

学校后勤人员是否需要专业阅读

经常听人说，做好后勤工作无非是做到“后”与“勤”，即荣誉面前靠“后”点，工作面前“勤”快点。当做了四年中小学后勤管理工作后，我认为“后”与“勤”虽然点出了后勤人员应具备的荣誉观念与工作态度，但要实现主动管理、自我发展、零事故、全保障、优服务、强业务的高水平、现代化学校“大”后勤，仍需要更多的智慧与策略。

当前，只依靠手口相传的师徒制传承，已经很难应对高水平、现代化学校的发展要求。学校后勤工作外延扩张的“快”与学校后勤人员专业成长的“慢”这一对矛盾，是我们每一个后勤干部都应当思考的问题。当经历了从后勤管理方式到领导艺术的反思与实践之后，我豁然感到，外在的管理刺激与后勤人员内在的自我驱动力相比，后者才是更为关键的发展要素。如何激励后勤人员主动管理、点燃后勤人员自我发展的热情？我认为专业阅读是最为高效的途径。

后勤人员的专业阅读该注意些什么呢？第一，后勤人员的专业阅读不应局限于教育，而应落脚到各自的专业领域，不断扩展这些领域，形成专业领域间的融通，从而不断提升服务能力。第二，后勤人员的专业阅读应与教师阅读和学生阅读有所交集，从而达成前勤、后勤人员认知焦点的同化，因为只有了解了服务对象的观念，创造性地开展工作才会成为可能。第三，后勤人员要把自身的专业阅读和对服务对象的分析观察结合起来，将阅读中萃取的知识转化为自己的行动，做到有的放矢，发挥阅读的价值。第四，后勤人员的专业阅读既要重实用、重实战，读一些立竿见影的“技能书”，还要重积淀、重浸润，读一些见效稍慢的“营养书”。第五，后勤人员虽然经常参加工作部署会议，但缺少“同侪研讨”，因此与其他学校同行分享专业阅读的体验尤为重要。

总之，身在后勤不能成为不读书的理由，只有每一位后勤人员通过专业阅读，具备了坚实的后勤专业能力，形成了后勤岗位特定的行为取向和活动程序，才能保障高水平、现代化学校持续、健康发展。

2018 年 5 月

中老年教师不拼体力拼什么

——学习科学视角下如何决战品质课堂

最近女儿在幼儿园学了一首体操儿歌，边唱边跳地教我。其中有一句歌词是“练体力，练灵活，练智力，练技巧”，这不禁让我联想到一种情况：随着年龄的增长，体力和灵活的程度必然会下降，如果智力和技巧再不提升，那我们中老年教师做教育工作的胜任力必然会下降。特别是随着社会大环境的变化，学校教学工作所面临的生源背景和影响因素越来越复杂，同时具有更多的不确定性，传统的教学经验很多时候变得不再那么管用。我们中老年教师既然精力、体力拼不过年轻人，那又该如何将多年的经验转化为优势，让传统经验适应当下的教育和学生背景变化？带着这个问题，我在山东师范大学刘新阳老师的指导下，系统学习了《上海教育》连载的有关“学习科学”的二十余篇文献，对学习科学与当下课堂的联系有了一些思考，现汇总如下：

一、中老年教师应该积极主动迎接变化

（1）从内心接纳关于课程的新范式。国际上已形成了多种聚焦学习的课程新范式，如“学习者中心的课程”，“追求深度学习的课程”，“指向个体道德性、社会性和智力性全面发展的课程”，“非正式环境中的课程”，“技术增进学习的课程”，“基于项目、问题、游戏的学习”等。我们这些工作了二三十年的中老年教师应该主动了解这些新概念而非刻意回避。上周我在用平板电脑批改数学同步作业时，和同年级一位稍微年长一些的教师交流。她说：“这种高科技我真的学不会了。”我和她交流：“我们开车基本都用导航，就算比看纸质地图复杂，但是必须学的还是要学，纸质地图永远不会告诉你目前哪里堵车。”纳新并不一定要吐故，而是故知的升级。

（2）理解学习环境设计迟早会取代原先教学设计这一事实。现在很

多新建学校都有多媒体教学环境，我们已经很难回避对学习环境的设计与思考了。这就让我们在备课时必须思考和面对两条路径的选择：一是构建促进学习的环境，二是消除影响学习的环境，甚至必须面对那些非正式的学习环境和自学环境，考虑在这些环境下如何开展教学。

学习环境设计也是有原则和规律可循的，即重视并运用学生的先前理解，因为新的理解建立在已有理解的基础上；重视事实性知识和概念性框架在理解中的核心作用，因为它们在学生的学习中发挥着重要作用；重视自我监控和元认知的重要性，这表现为基于数据、场景、技术的教学设计。

二、中老年教师必须面对专业发展的二次提升

（1）积极进行自我培训。步入中老年后，教师在教育经验、执行力、亲和力、控制力和教学专业能力等方面已经基本成熟，甚至有了自己的风格，而在教育动力、教育信仰、个人教育品牌提炼、教育研究能力、教育领导力（年级管理、学科管理）等方面可能仍需要进一步学习，完成职业生涯的二次提升。

（2）和学校教学干部成为同路人。中老年教师已有的经验优势可能超越了教学干部，因此在处理教学干部交办的常规任务时，可能会习惯性地质疑或回避，觉得凭自己的资历哪还需要做这个。其实正是这种想法阻断了自己专业发展再次提升的道路。正确的做法是，与教学干部一道，研究和构建教师学习的环境和机制，并将对教与学关系的动态理解和研究置于其中，发展自己的适应性专长，使自己的已有经验在主动的自我革新中，适应不断变化的教育内外环境。

三、中老年教师应当重新理解教学中各要素的关系

在学习科学视角下，我们原本习以为常的稳定关系，其实已然悄悄发生了变化，这就需要我们重新认识和体悟。这包括如下要素：

（1）学生：学习活动的主体、知识建构者，因此需要关注学生自主学习能力的培养。

（2）教师：学习活动设计者、组织实施者、学生建构和探究的支持者，因此需要关注课例研究。

（3）知识：既包括事实性知识和程序性知识，也包括知识结构、学科大概念、编码知识和情境化、实践性知识，因此需要关注知识呈现与梳理、元认知训练和思维能力训练。

（4）知识与真实世界的关系：知识是有效理解真实世界和解决问题的工具和方法，因此需要关注博物馆学习、游学学习等。

（5）学生与知识、真实世界的关系：学生建构知识结构而不是接收和记忆知识。学生通过探究真实世界的问题建构理解世界的观点和发展实践能力，而不是以记诵知识、程序来代替对真实世界的探索。因此需要关注基于真实场景的学习、VR学习、有选择权（控制权）的学习等。

（6）教师与知识、真实世界的关系：教师不是通过呈现知识和程序来教会学生理解真实世界和解决问题，而是通过设计活动让学生解决问题和建构知识，因此需要关注链接真实场景的问题链设计。

（7）教师与学生的关系：不是教师讲、学生听和练，而是学生探索与建构，教师设计活动、指导和支持学生探索与建构，因此需要关注教师个体“秀”和知识本身“趣”的问题。

（8）学生与学生的关系：合作关系，因此需要关注生生互助。

概而言之，中老年教师不能拿年龄当做休息的借口，而应当积极主动地实现经验与效能的转化，成为教坛常青树、不老松。

2018年9月

学校干部的自我培养与转型

转眼间从研发中心来到沧口学校工作已经四年，如果按照新教师培训三年出徒的时间推算，我刚刚进入从新手干部到成长型干部的转型期。回顾这四年所经历的培训，管理类岗位培训其实仅有两次，一次是去扬州参加干部跟岗培训，另一次是市教育局组织的校长任职资格培训。副校长到底该怎么干？这一问题绝不是一两次培训就能回答得了的。因此，每当在工作中遇到棘手的问题时，我总会感叹为何自己跟随过的历任领导处理问题“游刃有余”，而自己却“捉襟见肘”。借“每周一悟”的平台，结合自己成长中的苦与乐，将自己对新手干部成长路径的思考反思总结如下：

一、新手干部为何被提拔

回顾近年成长起来的新任副校长和中层干部，他们被提拔的原因不外乎这样三种情况：要么有着较强的业务能力，或者有着某方面的专业经验，或者在工作中有着出色的表现。但是当我仔细思考上述三种原因时，我有这样一个发现：这三种原因似乎都是在描述一个“能干的好教师”，和是否为一名“好干部”的关系不大。

当新手干部走上岗位时，除了一纸任命文件和送达岗位时局领导的殷切鼓励之外，就只剩下情怀、自豪和干劲了。而干部最缺的领导角色认知以及领导力培训，这时候还在“爪哇国”。没有新教师那样的顶岗实习，也没有新教师那样的集中培训，新手干部就这样匆匆上岗了。

二、从业务骨干转型为成长型干部需要经历什么

回顾四年的经历以及身边老校长的处事方法，我感觉要从擅长单打独斗的业务骨干成长为合格的基层干部需要经历这样两种转变：一是思

维模式的转变，二是业务技能的转变。

先说思维模式的转变。以前办事之前想的是“我”要如何去做，现在必须思考“我们”怎么行动。思维从单线程转变为多线程，因为工作头绪增多，我们必须调动更多的助手参与业务的处理。以前做事时，我们只需要考虑“怎么办”（汇报好、办理好、总结好），现在还要考虑“说什么”（把任务说清楚）以及“怎么说”（让下属能接受），同时还要注意从以往关注自我得到的“个人回报”，转向所带团队得到的“集体回报”。

再说业务技能的转变。到了业务骨干的层次，办具体事务可谓熟能生巧、游刃有余甚至是登峰造极，在自己熟悉的领域干久了，习惯性地就会把事做正确、做漂亮，甚至不需要请示和汇报，就能做得和领导预期的一样。业务骨干只需要关注自己领域内业务内容的政策变化和自身业务能力的持续成长，到了干部岗位后，自己原本的业务能力突然变得不再重要，而“沟通力、影响力、培养力”却成为不得不面对的挑战。两类技能的转换中，必然出现不适应的心理状态，很多新手干部总觉得让别人干还不如自己干，这种思想其实是不可取的。因为在工作中一旦出现“我来干你来看”的局面，那么所有工作将会悄悄地全部压到你身上，迟早会有压垮你的一天。因此，在任务面前宁可牺牲一点短暂的效率，也要坚决带着团队一起干。

三、应对新角色挑战的自我提升路径

四年来，在摸着石头过河的过程中，我逐渐将自己的视角聚焦到“沟通力、影响力、培养力”这一全新的技能领域。总结四年里跌跌撞撞、摸爬滚打的成长经历，我对新手干部自我提升的路径有以下十点体会：

一是管控自己的负面情绪，特别是在处理困难问题时。新手干部面对挑战时，一定要展示出自己的决心、毅力和勇气，用积极的情绪和能量去影响自己的团队，在工作中带给他们希望和成功的感受。

二是用期望别人对待你的方式对待同事，用真诚唤起团结的力量。

随着分管领域业务的深入开展，独木难支的问题只有通过招募更多的同行者才能解决。同时要讲究工作艺术，避免被误解为“懒得自己干”。

三是支持团队中每一个行动起来的人，就像要求教师尊重学生的差异一样，对于自己团队成员的差异我们也要尝试接纳，用人所长。

四是在工作中及时反思自己的时间和资源都给了谁，有没有忽视某些岗位。基层干部如果只关注自己的领域，对其他领域采取不管不问或排斥的态度，则会伤害团队整体。

五是了解自己团队成员的发展需求，尽可能帮助他们。即便出现超出自己能力范围的事情，起码可以做一个合格的倾听者。

六是明确自己分管领域的行动方向和分管业务的工作标准，在工作中变被动为主动，变突击迎检为工作常态，从而获得上级的认可，在工作中赢得支持、获得资源的同时拓宽眼界。

七是为自己分管领域的下属争取尽可能多的成长机会，在学习和实践中培养团队成员的业务能力。

八是真诚地评价团队成员的进步（包括批评和指正），接受他们最终会在你原本熟悉的领域超越你。

九是寻找机会拓宽自己分管的业务领域和信息渠道，只有整合更多的资源才能实现更高效的管理，只有不断兼并新出现的业务、可增值的业务和没人分管的业务才能实现自身的价值。同时要讲究工作艺术，避免被误解为“不踏实”。

十是加强与兄弟学校有经验同行的交流，向他们学习，这是新手干部快速成长的一个重要途径。

总的来说，新手干部必须认识到如果领导力长期停留在“等”和“靠”的状态，不积极提升自己，必然会越干越累，甚至会影响自己分管领域的团队效率。教育管理是所有学校新手干部必须钻研的一门必修课，没有什么捷径可走。

2018 年 6 月

校队训练中的工匠精神

假期教育教学工作暂时停了下来，我也得以有时间近距离了解学校乒乓球队的训练。为什么一个普通的校队能够走出全国冠军（如姜依依）和世界冠军（如陈梦）？这其中的秘密是什么？带着疑问，我开始了连续三周的跟踪观察，现将我的发现与思考总结如下：

一、寻常套路中的不凡之处

表面上看吴乃蝉老师的乒乓球教学流程无非是“动员讲话、热身活动、循环练习、动作纠正、总结训诫”，可能所有体育俱乐部在训练流程上都大同小异。那为什么这里能够走出冠军，其他校队和训练项目则不行？是什么限制了学员的发展上限？通过三周的观察我发现，这其中的秘密之一是吴老师对学员的“德育”要求。无论是动员讲话还是总结训诫，他总是从礼仪、师道、态度入手，甚至这方面的教育超过对具体技术的讲解。

吴老师的这番操作不禁让我想起之前看的秋山利辉的《匠人精神Ⅰ》和《匠人精神Ⅱ》这两本书。当时读下来虽然钦佩秋山利辉木工作品的水准，也被书中所述“匠人须知三十条”的平实无华而感动，但是书中并未提及如何达成木工操作高超的“技”，也没有谈及追求木工工具精良的“器”，反而像一位絮絮叨叨的老人在教学徒做人。我当时甚至有些怀疑，这本书没写到点上。

今天看到吴老师也是这样教导自己的徒弟，我不禁豁然开朗，有重新翻出这两本书再读一遍的冲动。高超技艺的上限在哪里？其实正是藏在对于做人、做事的规范与精神追求之中，有了一流的人品和一流的精神追求，才有可能达成一流的技术水平。

二、感悟修心的力量

一球一球地“喂”，让我更深刻地理解了何为“笃行之”，这其实是行为对心灵的反向塑造。秋山利辉从盖鸡窝开始做了五十年“小木匠”，吴老师从水泥台子开始做了四十七年“孩子王”，他们一生只做一件事，这件事本身就演变成了他们生活的一种仪式。

在我看来，无论是秋山利辉还是吴老师，他们对于工匠精神或是乒乓精神的体悟和实践都侧重于心性的修炼。他们的共同之处都是将日常礼貌、关爱他人、衣着打扮、爱护工具、保持卫生等基本的行为规范，放到“技艺”的层面之上，指导学徒从做人开始，在心性淬炼的同时，开启做一流匠人或一流球员的自我修行之旅。

三、成功的要务就是锁定目标

人生的长度是有限的，我们不可能涉猎太多的领域。虽然当下的短视频、微信阅读中不断出现所谓的“斜杠青年”，他们也有很多成功的案例，但是这种成功很难在自己和自己的学生或子女身上复制。在球队的训练中，我看到真正可以复制的成功密码，那就是锁定目标、踏实进取。普通学校走出的冠军让我看到了专注的力量，目标至简是走向极致成功的最优办法。

四、三岁孩子都适用的修炼路径

球队的球员从三岁到十岁不等，我格外留意那些小队员。他们似乎连基本的语言表达都没有学会，但一声声问好、一次次鞠躬让我真切看到了教育的力量。吴老师说“掉球不怕、打飞不怕”，但是他的小竹竿却不停地提醒做人的规矩和执拍与跑动的规范。对于小孩子，甚至连打招呼、好好回应、好好说话、主动沟通都一一教导。同时我还看到，乒乓球教学并不是喊口号、写标语、做练习，而是将要求分解为一条条、一项项可以立刻完成的基本动作。同理，对于我们的教学工作而言，也要给出具体可行的示范，以促进学生核心素养目标的达成。

五、如何正确看待奖励

在当下的学科教学中，我们调动了多种方式奖励学生，无论是物质还是精神，无论是过程还是结果，无论是排行还是积分，我们竭尽全力，但是厌学的学生仍有很多。秋山利辉和吴老师的训诫话语中，我得到了破解“厌学”的终极秘方。

在追求“成绩”的今天，我们似乎对于“人性”与“爱”的教育少了点，而对于“学习”与“竞争”的刺激多了点。外部刺激和排名固然可以激发学生一段时期的努力，却不可能激活学生为之痴迷一生的“悟道之路”。我们需要用平实的德育力量、传统文化教育去激发学生内心对于生活与爱的渴望，帮助他们找到迷失的“自我目标”，而真实的“自我激励”才是破解学生学习内驱力不足的有效手段。

综上所述，在校队的训练中，我真切感知到工匠精神的基本内涵：敬业每一天，精益每一拍，专注每一球，育人每一桌。十分有必要将这种精神辐射到学科教学和学校管理的各个领域，让乒乓精神更加熠熠生辉。

2020 年 8 月

师德修养的一线评价思路

简单依靠民主评议的方式评价教师的年度表现，与当下的教育发展形势已然不相适应。对于“能、勤、绩”这三个维度的评价似乎各学校间没有太大的差异，但是对于“德”这一维度，往往很难有一个统一的、让群众信服又能引领学校主流价值的标准。今年7月，教育部办公厅印发了《中小学教师培训课程指导标准（师德修养）》（简称《标准》），给我们中小学校开展师德评价的层次划分和问题诊断提供了规范的参照。

一、《标准》给师德评价具象化和量化提供了可能

众多名校的发展路径表明，没有一个名校的诞生能够离开教师团队的发展，特别是教师群体的师德水平决定了一所学校能否成为人心向善、业绩争先、家长青睐的好学校。从权力领导向价值领导和道德领导转型的过程中，除了受人格魅力影响之外，年轻校长往往还需要一个可以有效实施的抓手。

《标准》的印发不仅是思想上的引领和号召，而且给出了具体的操作思路。如对“理想信念”的评价，可以从“爱国爱党”“爱岗敬业”和“乐于奉献”等角度去考量；对“道德情操”的评价，可以从“为人师表”“团结协作”和“廉洁自律”等角度去考量。《标准》对于第三级研修主题的描述，其实正是我们中小学校所应当提倡的教师思想导向的精准定位。

二、学校如何将《标准》的导向转化为评价内容

通过学习《标准》，我认为师德评价完全可以聚焦为三个具体的、可测量的领域。一是师德师风，这一维度可以将教师在国家认同、价值认同等方面出现的损害学校名誉（区域教育形象）、学术不端、从事家教、

体罚学生等行为一并涵盖。二是工作纪律，这一维度可以对教师遵守区县教育规定和校规校纪、工作态度等情形进行考量。三是责任担当，这一维度可以将主动承担班主任或中层工作、兼任特殊岗位等原本不好评价的态度问题和担当意识，纳入学校的评价视角之内。

综上所述，《标准》的落地必然伴随着教师培训课程实施的评价，而教师培训课程的实施效果与学校教师群体的工作实绩评价又有着高度的一致性。因此，一线的学校管理者不应将此标准简单地理解为师训部门的一个文件，而应当积极地学习和思考，发挥其在教师评价和学校风气树立方面的导向价值。

2020 年 10 月

小学高年级，听话的孩子为何优势不再明显

——如何适应从考知识到考思维的转变

周末与部分家长交流，讨论的主题就是升到高年级后，原本听话的孩子为何优势不再明显，甚至出现小幅度退步。除去年级升高试题难度提升等因素之外，是否还有我们不曾察觉的原因存在？我们又该如何应对？现将我的思考总结如下：

一、什么造就了听话的孩子

成人由于工作压力大、生活节奏快等原因，往往希望孩子听话，这样成人就可以按自己的节奏安排好工作与生活。一旦遇到孩子的“反抗”，我们会采取“镇压”或“安抚”的方式处理，长此以往孩子往往失去了抵抗能力，变得顺从或安静。与此同时，家长（或教师）对孩子的要求越来越倾向于“学习优秀”和“老实听话”这两个关键点。当我们聚焦到学校领域，所谓的“听话”就是按照家长（或教师）头脑中界定的学习规则去学习。

究其原因，是由于家长（或教师）觉得自己“经验丰富”，特别是稍具“领导气质”的家长（或教师），更倾向于让孩子听自己的，认为这样肯定好。慢慢地，这种“家长（或教师）权威”蔓延到学习领域的每件事情，使得学习方法的决定权和学习内容的选择权都被家长（或教师）垄断。孩子想要在这样的世界里获得认可，只能“听话”或“假装听话”。从江苏省的一些相关研究及与一些高中学生家长交流发现，在经过选拔以后的高中阶段，当学习思维和方法已经不再是问题的人群里，“听话”或许是管用的，因为高中阶段的强制“听话”是培养自律的冲击性力量，但在小学阶段的结果却不尽然。

二、小学高年级听话孩子的学习困扰

长期处于家长（或教师）权威至上的教育状态下，孩子确实会很听话，但是也会存在一些问题。表现在学习领域有这样几个特征：一是容易丧失主见，不敢提出不同见解。二是在学习过程中会尝试牢记所有学习规则，随着年级的增长这样的学习会异常辛苦。三是心理上往往会产生过度依赖，一切按家长（或教师）的指令办事，一旦失去了成人的指挥，就会退缩或观望。在“听话”受表扬的长期影响下，孩子的好奇心和创造力慢慢退化，甚至缺乏对学习方式和学习资料的理解力和判断力，而这些恰恰是培养和形成学科素养的必要能力。

三、出台核心素养后考试考什么

在教育部考试中心副主任于涵看来，早期的考试是以成熟性知识为主，可以称为考“知识”。后来为了满足不同水平人才的选拔需要，考试逐渐从考知识向考能力转变。教育部颁布的《基础教育课程改革纲要（试行）》指出，课程标准应体现知识与技能、过程与方法、情感态度与价值观等方面的基本要求，于是“能力”一词越来越成为命题人关注的焦点。到了2014年，国务院发布《关于深化考试招生制度改革的实施意见》，明确提出依据高校人才选拔要求和国家课程标准，科学设计命题内容，增强基础性、综合性，着重考查学生独立思考和运用所学知识分析问题、解决问题的能力。这一考试要求向下层层传导，使得中考和小学阶段的学业能力检测也开始关注核心素养，浓缩成三个维度，便是必备知识、关键能力、学科素养。

受认知特点的影响，“听话”的孩子在基础性、通用性知识的考查中必然胜出。但随着年级的增长，越来越多考查知识运用、独立思考、分析问题和解决问题能力的题目，将会成为“听话”孩子的软肋。特别是当下学科素养要求学生能够在不同情境下综合利用所学知识和技能处理复杂任务，并体现自身的实践能力和创新精神，很多“听话”的孩子甚至从给出的素材里根本找不出问题、套不了公式。

四、从知识学习到思维训练如何进阶

知识和思维密不可分，我们可以让学生多方面地接收外部信息，通过自己思维的加工，或与伙伴的思维碰撞，形成具有自己思维烙印的个性化知识。当个性化知识形成后，我们运用这些知识进行推理（演绎、归纳）和判断，进而形成自己的观点。家长和教师此时应该放弃自己的权威，鼓励孩子观察别人、表达自己，从而促进思维的深化。思维方式的训练可以应对学业检测中的无数种变化，因为它跳出了传统的概念与公式直抵问题本身。

一言以蔽之，正是通过一次次课堂上的思维碰撞，学生才会具备将试卷中的问题进行解构、提取出考点的能力。随着越来越多生活中的问题和现象与考试关联，只有将不同的思维方法作用于不同的知识领域才能让学生具备“笑到最后”的能力。

2018年12月

学校干部的“批评”策略

学校的副校长和中层干部往往是学校工作承上启下的枢纽，在面对焦点事件和“问题人物”时，自然要充当冲锋队和消防员的角色。《警惕新歪风：“媚下”》一文中，明确了管理者不应“媚下”（巴结讨好下级）的工作底线，那么在具体管理中除了与“问题人物”“死磕到底”外，是否还有其他有效的行动路径？下面简要谈一下我的思考。

一、准确客观评价，不搞“一团和气”

（1）思想上正确认识“批评”本身。一些干部不敢批评人，一方面是不愿得罪人，另一方面是错误地将批评等同于人身攻击。事实上，只要干部的批评是准确的，那么就是善意的指导而非攻击。在评价中应当正确运用“褒贬”，特别是在批评的时候，要注意对事不对人。

（2）学会客观观察评价对象。要学会从具体细节中观察评价对象，区分好工作的失误是态度不对还是能力不足造成的。特别是要从全局观察，综合考虑全部表现，做出批评与否的决定。

（3）批评时聚焦失误本身而非错误过程。要避免在批评时事无巨细地回顾错误过程，否则会让下属在此后的工作中纠结于过程，而不能聚焦目标。任何“高明的意见”应在事前提出，而非在批评时“挤兑”。

（4）帮助被批评者正确认识自己的“功绩”。学校的副校长和中层干部拥有的权力相对较小，因此在批评过程中可能会遇到“理直气壮”的反驳。如果让学校里的每名教师都说说自己对学校所做的贡献，那么加起来的总和一定会超过督导室年终总评分，超出的部分则是教师自我认识的水分。如何挤出水分，让成绩各归其主，是我们分管干部在批评时必须冷静认识的问题，否则时间久了，不仅被批评的人一肚子委屈，干部也会成为“同情者”。

（5）利用好批评造成的“冲突”。这种“冲突”其实正是建立良好关系的重要机会。找到问题相对简单，批评也很痛快，真正难的是帮助改正，而改正的核心是取得共识，因此作为干部，我们要不吝时间和精力与被批评对象取得共识，同时帮助其解决确实存在的困难。切忌用不同的标准评价人，更不能有选择地“褒”或“贬”，“共识”与“信服”是对解决问题的最佳投资。

二、严管与厚爱是最难的，也是最需要同步进行的

（1）坚定严管的决心。厚爱是鼓舞士气，严管是把握方向。虽然每个人都爱听好的评价，但是精准的批评才是推动工作前进的核心。我们不能不敢严管。同时，我们要认清改变是缓慢的，即便管得再严也不是“特效药”。我们不能操之过急，要用适时的厚爱来巩固成果。

（2）严管要聚焦价值观、能力和执行三个层面。最需要严管的是价值观，因为价值观是信仰，如果不严管将会埋下内耗的根。其次是严管能力，能力是思考和行事的内核，是教师关键的特征，管能力就是在培养“能干的好教师”。最后是严管执行，执行是完成任务的手段，可以通过培训快速习得。以上三个层面不少副校长和中层干部经常本末倒置，导致越管自己越忙，越管下属越乱。如同《宽心》一书中所说的：下等领导，尽己之能；中等领导，尽人之力；上等领导，尽他之智；高等领导，尽众之有。

（3）把“问题”摆在桌面上并掌控它。在严管“问题人物”的时候，我们经常会听到各种各样的辩解。在倾听辩解时，必须分清哪些是抱怨哪些是诉求，并区别对待。其实每一个需要严管的对象背后都会有原因，要有耐心且不带任何价值预判地去听，把问题的根源挖出来，只有这样，我们才有掌控的可能。

三、严管之后的冷思考

（1）对敢于严管的干部要保护和支持。正确处理个别被严管对象的“诋毁”，保护和支持严管担当者，是对他们最有效、最直接的激励和鞭

策。同时对当面一套背后一套、带头违纪的干部必须给予严肃处理。在对干部的评价中，应结合学校教师对学校文化认同的程度，谨慎确认量化评价与民主评议的比例，因为“批评谁”与“表扬谁”直接决定了学校干部作风的导向。

（2）绩效和待遇调整要慎重。严管和厚爱不能事事与绩效和待遇挂钩，否则会使干部“分内”的责任感荡然无存。如果必须通过绩效和待遇体现，我认为必须遵循三个原则，即凸现公正、把握导向、达成共识。

（3）调整岗位要慎重。当批评和指导真的不起作用，到了不得不动岗的时候，我们必须考虑清楚让“问题人物”离开后，是否有适合的空缺让他去，否则“不干活白拿钱”的情况一旦发生势必会造成更坏的影响。同时对于新安排的人员，不能因为前任工作懈怠就降低要求。此外，还要在安排关键岗位时注意平行设岗，避免出现某个人重要到不可替代的情况。

（4）让工作自己转起来。作为干部，我们必须学会从细枝末节中抽身，专注于对教师的培训和监督。

（5）注重对批评案例的及时分析。对焦点事件和“问题人物”的处理结束后，一定要及时梳理问题产生的来龙去脉，并在一定范围内取得共识。

总之，学校管理既要讲效率更要讲人文。副校长和中层干部既要敢于不“媚下”，有“死磕到底”的勇气，同时又要掌握批评的策略和指导改正的方法，在工作中攻坚克难，不断进步。

2018年6月

中小学教学管理的差异

近年来区教育和体育局加快了区域层面中小衔接的教育改革步伐，一大批优秀的中学干部到小学担任主要领导，同时一些中学的骨干教师被派往小学承担衔接学段的学科教学。这种交流机制促进了中学文化向小学的输出，同时也给局属小学的固有人群带来了全新的文化洗礼。如何让中学文化正向影响小学文化，进而让两种文化叠加，在教育领域形成区域改革所期待的变革，我想需要在执行层面处理好以下几个问题。

一、中小学的人员配置方式如何兼容

由于中小学的师生比例、学科教师及工勤人员配置比例不同，导致在中学可以游刃有余的人员配置，到了小学往往会面临捉襟见肘的困境，往往直接影响了教师岗位的安排。因此，让专业的人做专业的事这种初中人事安排原则，在小学往往不得不转变为让兼容性强的人做适合的事。特别是小学学制为六年，对人员稳定衔接的安排也与初中差异较大。将心里对人事安排的预期调整到位，往往是中小衔接管理干部所面临的第一关。

二、中小学的教师组如何兼容

从教育部颁布试行的中学、小学教师专业标准来看，中小学教师在专业能力的要求上有一定的差别。在中学井井有条的教研组、集备组建设，到了小学则要面对“参差不齐”的现实落差。因此，必须处理好教研组、集备组的功能转化问题，将教研组的专业研究转化为集备组的落实效果。

三、中小学的育人手段如何兼容

对于承担衔接任务的中学教师来说，中学教学不需要格外关注的基本习惯问题、身心协调问题等都是困扰小学教学的因素，一旦调整不好应对策略，则会出现“铁锤砸棉花，有劲儿使不上”的局面。同时，由于小学生心智尚未发展成熟，对于中学生有效的自我评价和目标激励等评价方式，在小学则需要用“小红花”等即时性评价物品来代替。对于小组合作学习，小学生的组内管理能力也与初中生差异较大，故小组任务的难度需要做出一定调节。

综上所述，在聚焦提升教学质量的追求下，从中学的教学管理视角向下兼容小学是一个比较快捷的路径，但这也是对承担衔接任务的中学干部和教师的一种智慧考验，只有不断地突破自我固有的学段认识，在实践中不断调整，方能取得预期的高质量、高速度发展。

2020 年 10 月

实践反思篇

当前，中小学管理人员多数有人文学科背景，有信息技术学科背景的人员进入管理层后，必然带来一种全新的思维。这种思维的最大特点就是简洁纯粹，能为教育教学增添新的视角。信息技术管理者在教育领域的专业定位是什么？其独特的学科思想体现在哪里?

优秀教师可以“复制”吗

与同为副校长的朋友们交流时，大家都在说这样一个感受：“能干的好教师无论交给他（她）什么工作，他（她）都能做好。”因此“能干的好教师”成为学校各项业务分管领导争抢的优质资源，他们因此变得格外忙碌。我分管学校后勤、督导等工作，“抢”到“能干的好教师”的可能性基本为零。“抢不到”的严峻形势倒逼着我去思考，如何让手头上被前勤抢“剩下”的教师成为“能干的好教师”。带着这一想法，本学期我重点跟进了学校两位被领导和教师双双认可的“能干的好教师”（他们的风格不同），采用田野研究的方法，从他们的课堂教学、学生管理、课程规划、作业布置与批改、与家长沟通、课外活动辅导、对学校政策的看法及应对策略等多种视角进行为期一个多月的研究，试图破解在后勤人群中“复制”出“能干的好教师”的高效方法。

一、“复制”过程中不得不思考的问题

一是“能干的好教师”能够反思自己为什么优秀吗？即人是如何认识自己的问题。如果简单地问好教师本人“为什么会成为‘能干的好教师’”这个问题，得到的往往是随机的、不可复制的答案，难道这个问题真的无解吗？

二是管理者在研究“能干的好教师”时，有什么好方法？即他人如何认识的问题。在我看来，如果只做浅表性的听课和交流，是无法“看”懂他们好在哪的，管理者必须深入挖掘“为什么好”与“怎么会更好”的答案。

二、“复制”过程中我们该注意什么

第一，在对我们希望“复制”的好教师的访谈中，要注意帮助他们

从生活化的知识和工作策略中，找出关键特征，进而研究这些关键特征的用处。由于“能干的好教师”外显出来的专业化知识往往只是冰山一角，只有让他们的那些关键特征浮出水面，别人才能看到，进而去模仿和学习。

第二，对于我们希望“粘贴”的潜力教师，要着力改变他们的认知和习惯，即对简单的个人知识、混乱的行为方式、脆弱的压力承受能力进行专业调校，使其具备“粘贴”的“容量”。

第三，“能干的好教师”常常是默默无闻的“老黄牛”，他们很少主动应对领导的“挖掘”，而是选择默默适应环境。因此，要注意他们在叙述实践中彰显出来的特点，而非“强迫式”的“组内经验交流”或“拉郎配式”的“青蓝结对”。

三、“复制”过程中我们该怎么做

（1）与“能干的好教师”一起反思。这种反思不是传统的自己闷头回忆，而是管理者帮助好教师寻找反观他们自己的镜子，看镜子中自己的“好”，而后就这种“好”进行归因，可以预防学偏的问题。

（2）与“能干的好教师”一起梳理。由于好教师的一些潜在知识具有特殊性，作为“粘贴”对象的潜力教师不可能直接学会，只有将“能干”和“好”的具体表象梳理出来，他们才有可能被学习。梳理往往是让好教师的缄默知识发声的主渠道，可以解决将“好”可视化的问题。

（3）用艺术去表现那些隐形的“好”。看和听是一种学习，而经过艺术抽象的赏析才是能够触及心灵的学习，可以解决如何学会的问题。一首诗、一幅画、一段舞蹈表现出来的精神气质，往往是最直观和本源的领会。例如，去年我参与编创的《三人行》舞台剧，将学校推行的课程改革精髓注入其中，使得绝大多数师生通过看演出理解了学校关于合作学习、差异化教学和学习共同体的理念。

（4）从整体去了解为什么“好”。我们可以从好教师的朋友圈、微博就学校热点问题的看法、读的书，甚至是个人成长背景，获得对这位好教师的深入了解。特别是对好教师成长背景的了解，将会给“复制”打开一个新的视角。

（5）聚焦工匠精神的传承问题。去年寒假期间厦门大学朱冬亮教授的报告说，目前的博士培养方式仍旧是学徒制。秋山利辉的《匠人精神》一书中说，顶级的工匠需要经历学徒制的培养。我想，对代表学校优秀力量的“能干的好教师”这一团体的“复制”，恐怕也绕不过传承问题。如果我们的教师培养仅仅盯着对教学程序、教学方法、教学形式的模仿，恐怕只会对“粘贴”教师的工作状态产生极其微小的影响。教育领域学徒制的核心工作，应当存在于“复制”和“粘贴”两个团体不断交互、彼此观摩、细致分析、多维反思、移情比较之中，从“为什么这样做”和“做到什么程度”两个方面去深挖，从而获得从技术到内在的同步学习。

我想，只要分管领导选对路子、找好方法，经过一个必要的成长时期之后，我们手中必然有源源不断的“能干的好教师”涌现出来。

2018年5月

对中小学研究成果转化的思考

青岛市每年校级课题、区级课题、市级课题的结题数量恐怕达上千项，这些课题的结题，意味着众多来自一线的研究成果基本形成。按常理来说，中小学对于新产生的各种成果的应用该是遍地开花、不断复制和演进才对，可是当我们细致看下来，似乎一些研究成果伴随着课题的结题就烟消云散了。即便是名牌学校的研究成果，一旦走出校门（或区域），其影响力也会大打折扣。有人将原因归结为外面的“经”不好复制（限制条件多），可是本校研究取得的“经”又有多少做到了班班复制、人人共享呢？针对这一现象我将自己的思考梳理如下：

一、为何排斥新的教学方式

（1）评价因素。目前学生的学业成绩是对教师教学的评价维度之一，这就导致一些教师会将关注点聚焦到学生知识掌握程度上。而目前各级教科研立项的课题，其理论依据往往是学生发展核心素养、综合能力等，因此研究成果鲜有直接指向学业成绩的。一些教师在教学评价的导向下，即使内心知道某些研究成果很好，却不敢轻易实践。

（2）心理因素。人总是不自觉地寻找工作舒适区，在这个区域里，每个人都会觉得舒服、放松、稳定、很有安全感。少数教师在教学中表现为：备课经年不变，不管学生、教材、学习重点变没变，仍坚持自己的教法；每周完成自己的固定工作，对于教学之外的任何工作都消极对待；对待有挑战的工作任务，不寻求解决办法，而是拖着不做；喜欢跟着同年级的教师后面干，不求有功但求无过；不愿意参加会议，不愿意外出学习。因此面对新的教学方式，他们会习惯性地选择忽略。

（3）经历因素。有研究表明，许多教师自身的学习经历几乎决定了其对教学方式的选择。至于学习过的教育理论，一些教师认为那些只是书本上说说而已，具体做起来还是传承自己“恩师”的做法比较靠谱，这就导致他们对新教学方式产生排斥。

（4）能力因素。也有一部分教师能够认识到教学中的问题，尝试思考和主动认识新教学方式，想去实践这些方式，但是在实践过程中，由于缺少对新教学方式系统的学习且改革能力不足，遇到问题时又缺乏相应的支持力量，导致个人实践与支持环境冲突，不得不放弃自发的改革实践。

（5）时间因素。作为学校主要科研力量的教师往往同时也是学校的学科骨干教师，他们除去备课、上课、批改作业、辅导学生等硬性时间外，几乎没有多余的工作时间。他们对新教学方式的理解和实践，往往只能凭借自身对教学的热爱和不计得失的心态去挤占生活时间甚至是睡眠时间，而这通常是不可持续的。

二、如何转化新的研究成果

既然实践新成果的路上困难重重，那又该如何破局？结合对华东师范大学李政涛教授《交互生成：教育理论与实践的转化之力》一书的学习和自己的思考，笔者建议从以下六个方面采取行动。

第一，在理论与实践的转化过程中，要明确转化的“目的与意义”，即“为什么转化”。理论属于认知方式，实践属于行动方式。理论的根基在于“道”（规律性），实践的根基在于“法”（可行性）。理论有理论的价值，因为它发现了一种理论上的逻辑，也就是找到了一种可能有效的方法。但是理论价值不能代替实践价值，可能有效不等于真的有效，特别是变换了实践环境后更不见得有效。因此在实践中仅仅掌握理论的来龙去脉是不够的，必须在理论的指导下个性化地创造适合自己学校（班级、学科）的系统化操作技术。

第二，要了解转化的“对象和范围”，即“转化什么”。一个系统理论的覆盖目标往往是一大片区域。即便是区县或学校层面的研究，通常也会关注几个点，一线教师在转化这些理论时，不能贪多图快，必须精准锁定自己的转化对象，甚至是适当缩小试验范围，等待条件成熟或者成效明显时再扩大试验范围。

第三，要思考转化的“过程”，即“阶段、环节、节点”。在开展转化实践时，对于实施阶段、环节、节点的把控可以左右改革的成败。选择什么时段开始改革、什么状态下发布阶段成果、什么时候寻求外援、什么条件下适可而止，是我们有志于改革创新的教师需要不断摸索和总结的重要经验。

第四，要注意转化的“条件和限度”，即“可操作的要素和边界”。一套理论要转化为实践，不仅要有人员理念上的认同，还要有满足实践的现实条件，即不但包括人力、物力、财力等资源配置，还包括天时、地利、人和等外部环境，因此可以说研究成果的价值总是受到条件的影响。在其他学校、班级或学科表现出显著正向影响（高价值）的事件，受到我们所在实施环境的作用，肯定会发生变化。因此，必须尽量促成高价值转化条件，尽可能去除限制条件。

第五，要掌握转化的“方式”，即“策略、技术、方法”。在教学中，要选择好实践方式，尽可能采取相对有效的行动路径。在转化过程中，要将具体操作与改革对象的个性特征结合起来，实现方法与内容的和谐统一。

第六，要注重对前人同类研究成果的消化与吸收，避免低水平的重复研究。做教育研究时，一定要注意从学校内部自我循环的研究中走出来，用宽广的视角了解整个行业最前沿的同类研究成果，用虔诚的态度去学习和传承，在学习和传承的基础上发展自己的理论、开拓自己的实践，只有这样才会取得理论转化上的成功。

综上所述，我们只有站在巨人的肩膀上才能看得更远，要努力将前人取得的研究成果转化为现实，将“看上去很美”的新教学方式转化为“用起来很好”的本土武器。我们要不断突破自我和资源的限制，用智慧去创造改革的空间。

2019年1月

如何破解后勤兼岗人员的倦怠感

一、后勤兼岗人员的组成特征

除了中学部有个别专门的后勤人员编制外，学校50多个后勤科室服务岗位中，绝大多数是由前勤人员兼岗。通过对学校兼岗人员的管理行为观察及个人发展历程的分析，我发现后勤兼岗人员大致可分为如下几类：

（1）年轻懵懂型。这类教师大多是“90后”，刚参加工作便被安排去后勤部门。他们在需要熟悉基本教学业务的同时，还要培养为其他教师服务的意识。刚入职场的工作压力将这一人群快速分化，适应能力强的迅速转入教学一线，被赋予更大的责任；若不能迅速适应角色要求的，则会进入“疲惫期”。

（2）个性明显型。这类教师大多个性明显，有强烈的自我意识，对兼岗的身份认同往往差异较大，主要体现为有“自我使命型——对岗位职责有自己的理解（不一定与学校需求同步）”“专业自赏型——对业务有着执着的追求（不屑于完成常规工作）”“与世无争型——只想一个人静静（反感约束和突发性任务）”之分。

（3）年老体弱型。这类教师大多在教学业务上有过辉煌，但因为年龄、身体状况等原因暂时退入后勤。他们工作能力及抗压能力较强，但对情感层面的关注极为敏感。

二、后勤兼岗人员状态提升的意义

后勤兼岗人员构成复杂，使得后勤业务的开展与业务专业化发展之间存在矛盾。各个科室管理员及后勤岗位往往有着自己独特的业务流程，彼此之间差异较大，工作性质往往很难被前勤教师所理解。后勤兼岗业务的发展水平往往间接影响着前勤业务的开展，因此，如何提升后勤人员的效能，破解其倦怠感成为我们不得不面对的问题。

三、改善后勤兼岗人员状态的行动路径

经过四年的理论探索和实践尝试，我个人感觉可以从五个方面，以需求侧（兼岗人员）的需要作为供给侧（管理者）的行动目标，改善后勤兼岗人员的状态：（1）专业尊重，扶持成长（满足发展需要）；（2）关心情感，关怀生活（满足情感需要）；（3）组织认可，价值认同（满足关系需要）；（4）协助破冰，内化标准（满足效能需要）；（5）体验成功，激活梦想（满足能力需要）。

四、对后勤兼岗人员评价方式的思考

由于后勤岗位之间可比性较小，故对后勤兼岗人员的评价方式应该有别于前勤人员。在具体操作中应当注意三种情况：（1）谨慎采取量化考核，避免影响后勤团队的主体性；（2）后勤工作预设的达成目标不能太理想化，避免影响后勤团队的能动性；（3）重视对价值观的引领，正向影响后勤团队的发展性和传承性。因此，对后勤兼岗人员的评价应采取发展性评价，尊重自主评价，增加质性评价的比重，适度容忍后勤兼岗人员工作方式的自由，倡导积极心态，将上级的检查标准内化为后勤兼岗人员的内在标准。在评价中，多展示价值和意义层面的评价内容。

综上所述，只要对后勤兼岗人员采取区别化对待，尊重每个人的差异，善待每一分努力，倾听每一次需求，为做事的人提供前进的“燃料”，我想没有什么倦怠是清除不了的。

2018 年 5 月

从“督”什么到如何“导”

——关于如何开展教育督导的新认识

2018年7月22日，我有幸参加了区教体局组织的由北京师范大学承办的全国教育督学培训班，几天的学习使我进一步明确了教育督导工作的目标及行动路径，同时对自己兼职督学的身份产生了认同感。我将培训的收获与反思总结如下：

一、区县一级督学视野的再聚焦

督学的工作视野决定了督导工作的中心任务。作为区县一级的专兼职督学，我们应当集中精力将督导作为工作的重中之重。在督导工作中，我们既要聚焦“学”，又要服务学校，关注人民群众的教育需求。特别是随着教育管理体制改革的深入，督导工作逐渐形成以区县为主的工作模式后，作为专兼职督学在完成上级督导任务的同时，必须清醒地聚焦区县一级的工作重点，用督导促进教育行政及教学业务的开展，与学校的教育教学工作形成合力。

虽然服务学校是督导工作的目的之一，但是在督导中不能轻易被学校领导的“豪言壮语”所感染，轻易对学校的教育教学改革成果“交口称赞”。督学的视野中必须增加“实证”一环，也就是说对于学校的各项工作举措，特别是与以往不同的改革举措，我们要尤为冷静，要找到证据证明学校现在取得的成果与各项改革举措是强相关的，或起码是正相关的，避免让改革成为掩盖问题的手段。

二、在督导中用数据说话

督导数据与教研数据有所不同，首先表现在数据的构成上。教研数据关注的是每一所学校、每一名学生的学业成绩，而督导数据除了关注学业成绩之外，还要关注学生的身心发展、品德发展、兴趣爱好、学业负担等，同时还要找到影响学生发展的众多因素（学校、教师、家庭等），相对来说是一种包含了负面影响的全面数据。其次，数据的分析方法方面。教研数据是通过学业质量“检测”形成的，体现了学校的真实教学成绩，以及与成绩有关的各种统计报表，对数据的分析是基于统计视野的，数据使用的目的是为了评价。而督导数据是通过教育质量“监测”形成的，监测是实施评估的技术手段之一，监测是评估的基础，评估是督导的前提，督导是基于评估（判断）结果的一种反馈。“检测”与“监测”虽是一字之差，但监测数据的使用目的是为了评估而非评价，因此更加关注进步以及如何消除干扰进步的不利因素。最后，对学业成绩的比较方法也不同，督导更加关注对基于全市、全区、某校等参照点偏离度的分析。

三、让督导成为学校的帮手而非负担

专兼职督学的工作要想取得成效，首先要取得上级的授权，更要赢得学校的理解和尊重。因此，我们在入校督导时，要自问这样七个问题：一是在这个时间节点入校是否增加了学校的负担，二是我们的督导内容对学校发展是否有正向影响，三是我们的督导标准是科学有效的吗，四是我们用发展的眼光看待学校了吗，五是我们遵从开放的原则搜集学校、教师、学生、家长等方面的信息了吗，六是我们的数据是真实的吗，七是我们反馈的内容学校真的可以操作吗。只有换位思考，理解学校的痛点和关切点，我们的工作才会行之有效。

四、从经验借鉴中提炼区域特色督导理论

在通览了北京师范大学提供的十三个专家课件（含大连培训）之后，我统计发现，有一名专家是基于理论视角做的报告（王晓妹《评估体系的构建》），一名专家是基于案例研究视角做的报告（沈漪《基于数据的质量督导》），一名专家是基于数据统计技术视角做的报告（范晓玲《数据比较方法》），其他十名专家都是基于自己区域或学校的情况分析从具体做法的视角来谈的。这一统计结果给了我这样一个启示：区县一级督

导领域的理论与实践的打通工作大有可为。目前随着学习科学、脑神经科学等新兴理论的快速发展，加上统计分析方法、案例研究方法等定量、定性研究工具的普及，区县一级督导工作的创新发展已经到了一个从“经验梳理—经验总结”的初级工作模式，向“区域督导特色—实证研究—理论化提炼”的科学化工作模式的转型发展期。如何寻求督导工作的创新点？我们专兼职督学要下功夫研究区域学校的具体案例，寻找区域督导特色工作案例，同时学习并掌握科学的质性、量化研究方法，通过实证的办法从案例中归纳、总结出区域督导理论，拿出让同行看懂、教育专家信服的教育督导办法。

概而言之，专兼职督学既要有视野又要有方法，既要有对接教育行政部门的管理思想，又要能够理解学校领导的办学思想，还要具备科学评价的评估思维，最重要的是还要有服务学校的意识，因此只有通过不断学习和修炼才能担当此任。

2018 年 8 月

用系统思维提升办学品质

——从分管督导副校长的视角看学校年度变化

随着李沧区教体局《2018年李沧区中小学和幼儿园绩效考核（评估）方案》的发布，从2014年延续至今的中小学校长年终述职这一年底传统工作接近尾声。由于我分管学校督导工作，所以我特别在意学校的年度变化。现将我对青岛沧口学校一年来变化的认识梳理如下：

一、透过活动看学校理念变化

一所学校开展的活动，特别是那些非上级主管部门安排的、学校主动作为的活动，往往能折射出一所学校的理念。一年来，青岛沧口学校的绝大多数活动围绕“质量”做文章，这直接体现在学校全体干部集体学习《李沧区教育体育局2018年工作要点》和《李沧区教学质量三年提升行动计划实施方案（2019—2021年）》两个文件上。沧口学校结合学校自身的发展阶段，将学校2018年度的工作思想确定为“从质量视角发现并帮助师生成长”。

二、调心态迎诸多变革

学校在品质课堂建设中的指向性更加明确，针对青岛市中考改革、试卷变化，组织了多次专门专项的调研论证会，适应变革、影响变革、主动应对变革成为一年来的核心工作。

1.强化教学常规

常规工作固本培元。一年来学校从抓常规工作入手，将教学环路中的“课堂教学”“课例研究”“三人行课堂管理”“教学管理”“教学评价”等全环节打通，将学校的要求制度化、外显化，使学校的教学工作标准渗透在教师常规工作和评价之中，进而烙入人心。随着下半年《李沧区中小学教学常规》《李沧区教学质量三年提升行动计划实施方案（2019—

2021年）》两个文件的落地，制度中的若干要求与学校年初制订的教学工作计划不谋而合，更加坚定了学校重视常规、影响常规、利用常规，扎实推进教学质量提升的信心。目前，在教师心中“质量立命”“课比天大”“合作大于竞争”“评价决定质量”的价值观已经形成。

2. 拓宽研究视野

一年来，学校借助于寻标对标工作，与北京十一学校联盟对接，借鉴其课程实施的经验，系统梳理了学校课程体系。学校重点推动了小初衔接课程的研究，在课程贯通、学习方法贯通、能力贯通、心理调适贯通等方面取得了一定的成效。

此外，学校还积极参与青岛市名校长工作室联盟、青岛市国际理解教育联盟、青岛市九年一贯制学校联盟、青岛市电子书包学校联盟、李沧区STEM课程联盟等学术团体活动，承接了青岛市对口教育扶贫甘肃省陇南市康县工作，完成了青岛市教育援藏第三批西藏日喀则市骨干教师及教育管理干部跟岗活动，承接了李沧区对口菏泽市单县教育帮扶工作、李沧区与英国手拉手学校互访活动、平度市大田镇高水平现代化学校帮扶项目。活动中，教师的工作心态和视野均得到了明显提升，呈现出教师业务能力与教育质量共同发展的良好态势。

3. 深化教学改革

任何一项教学改革都需要时间和成果检验。2018年，学校持续挖掘“三人行”教育品牌内涵，在小组建设、团队评价、VIP课程奖励的基础上，提出“三人行活力课堂”的整体实施理念。通过张贴学科标兵海报、邀请学长回校交流、“学困生”鼓劲谈话、“临界生”专门辅导等方式，激发了学生的学习动机，提高了学习积极性。学校通过学科月、品质课堂研讨课、跟进课例研究、教案检查与反馈、作业检查与反馈、大单元检测、成绩分析、小组表彰、“学困生”单独谈话辅导等一系列组合拳，奠定了扎实的质量基础，真正实现了“低进高出”的良好局面。

三、做管理更看重人心

1.明确愿景，形成学校核心价值观

学校积极开展教代会、学术委员会、家长委员会等，通过会议和活动凝聚人心。广大干部以身作则，在干部的率先带动下，班主任和任课教师各司其职，学校上下形成了真抓实干的价值导向。因此，2018年上级部门在我校教职工中提拔了两位正校长、一位副校长、一名教导主任、两名教研员、一名科室人员，他们满载教育情怀和正能量，成为李沧区教育的生力军。

2.优化组织，提升教育管理综合能力

学校深刻认识到干部队伍的能力直接决定了一所学校的执行力，因此，学校重点布局干部队伍的建设，通过干部例会、外出学习、案例反思等，干部的管理水平不断提升。同时，优化原有的级部管理模式，让副校级干部下沉至科室与中层干部一起办公，调整办公室布局，拉近了干部与教师、主管者与核心业务的距离。干部团队直接领导级部，能够直面问题，直接拍板常规业务，提高了办事效率。

系统思维是一所学校持续成长的动力。一年来，学校全体干部、教师统一思想、务实学习、主动工作、正直担当、积极超越，实现了个人发展和学校业务的长足进步。同时，学校在推动教育质量提升的过程中尊重差异、因材施教并创设校级荣誉激励大家，让教师有目标、有向往。

2019年1月

在平凡的岗位中寻找工作的意义

人们对待工作的态度差异往往会产生不同的工作状态。有心理学家研究发现，当人们赋予工作意义之后，会促进身体分泌多巴胺，产生工作的动力和愉悦的情绪，这是让人们获得积极工作状态的源泉。那又该如何帮助学校中的干部和教师找到工作的意义呢？现将我对这一问题的思考总结如下：

一、忽略工作意义的教师状态

管理观念的差异让部分学校进入了所谓的“科学管理”状态：尽可能缩减“主业”外的工作资源，同时压制“主业”员工的“个性（或怪癖）”，期待学校如企业般获得标准化的工作执行力。这一出发点从绩效管理的角度来看，有着一定的积极因素（走得齐才能走得快），但是也有其致命的缺点，那就是忽略了对教育工作产出有着极大决定力的情感因素（情感决定是否走得远）。

如果忽略工作意义，一个刚刚步入教师岗位充满激情的年轻教师，一眼就看到30多年后退休时自己的样子，每天的工作就是一步一步走完既定的工作流程。没有挑战、无需创新，甚至不用再学习，会让一个年轻人迅速走向封闭，变得惧怕犯错，洞察力减弱，成为不再活跃的“听话的好教师”。这乍一看似乎很好，但长此以往，当“听话的好教师”面对教育飞速变革，他们必然会成为拒绝改变、拒绝压力的“问题人”，而当年刚刚步入教师队伍时的无尽抱负也将转化为无尽不满。

二、给教师“原地打转”的工作赋予新的意义

（1）尽可能将教师个人的发展目标与学校工作关联起来。教师往往看不清（或从未思考过）自己的工作对于整个学校发展的意义，我们需

要帮助教师认识到自己的进步与学校发展的联系。这种联系建立起来后，不一定能够取得多么大的进步，但拖学校改革后腿的人将会大大减少。建立联系需要技巧，可以从个人特质、物质生活、精神世界等多角度入手。

（2）为教师个人提供拓展能力和增长见识的机会。帮助新教师完成从学生到教师的角色转变，仅仅依靠教体局开展的新教师培训是不够的，学校层面也应当制定个性化的培养策略。要想让新教师将大学或者研究生阶段从课本上获得的教育理论转化为教学实践，在教学实践中提升教学技能和教育能力，必须给他们提供接触最新教育改革成果的机会。

（3）面对压力或任务采取更加开放的管理心态。让教师敢于创新，就不能过多地限制“不能做什么”，而是要在底线要求之上倡导“可以做什么”。学校要营造支持探索问题、尝试创新、持续学习的文化氛围，同时为积极探索和尝试提供安全区和缓冲区。具体来说就是学校管理者要从内心接纳教师的表现，允许教学尝试。当教师的创新努力遇到困难时，学校管理者应当主动充当起高速公路上的服务区，帮助他们“加油修车”“填饱肚子”“释放压力”。帮助团队中的每一位教师找到自己的独特优势，让他们调整到自己的最佳状态（身体和心理层面），学校才能从不完美的创新中找到不断进步的发展机会，获得向前发展的核心动力。

（4）让教师体验到自己的价值。教育是个慢功夫，教师的价值如果仅仅等到抽测成绩公布的时候再体现，那么激励的频率和强度都不足以让教师实现日复一日的自我驱动。因此，学校管理者必须想方设法把教师的努力成果拆解到日常的小变化中，以便让教师体验到持久的成就感和使命感。

综上所述，一所学校要想获得高速发展，就要让每一位教师自带“发动机”。每个人的“发动机”其实就藏在对当下工作意义的寻找之中。启动“发动机”的钥匙教师不一定知道在哪里，所以需要学校管理者去帮忙寻找。

2019 年 8 月

如何把内部会议开得更有成效

中共中央办公厅、国务院办公厅印发的《关于减轻中小学教师负担进一步营造教育教学良好环境的若干意见》，是一份确保中小学教师潜心教书的好政策，是党和政府关心教师群体的重要体现。从教师视角来看，他们最期待减轻的工作负担排在前三位的分别是迎接各种检查、准备与教育教学工作关系不大的材料、参加各种评比和比赛等。其实这些只是较为外显的负担，它们往往是通过那些隐性的、浪费大量教育干部和教师时间的传达会、落实会、检查会、总结会、宣传会等各种内、外部会议得以"实现"。会议固然是落实工作的重要一环，也是传达教师关切信息的有效途径之一。对于基层学校来说，外部会议学校往往没有选择权，但是内部会议如果优化到位，往往可以为教师节省大量时间。其实教师并非讨厌开会传达的各种信息，而是对于会议的组织与效率有一些意见。现将我对如何开好内部会议的思考总结如下：

一、为什么有的学校内部会议特别多

1.教师会议的类别

如果给学校内部会议分类，我想大致可以分为这样几类：一是党政类会议，如教工会、党员会、表彰会等；二是决策类会议，如办公会、务虚会等；三是业务类会议，如教研会、培训会、研讨会等；四是协调类会议，如动员会、布置会、推进会、交流会等。

第一类会议属于刚性会议，往往伴随重要信息或活动而来，必须参加。第二类会议影响范围小，主要涉及学校干部，对教师影响不大，但对学校管理效能影响较大。第三类是专业成长类会议，对于有发展诉求的教师来说多多益善，对于职业生涯进入平台期和退出期的教师来说则是避之不及。第四类会议往往是教师最为"头疼"的会议，不去怕得罪上级和主管部门，去了还要调课，影响教学安排。

2.各类会议的特点

第一类会议学校可掌控的余地有限，采取“时间就近，合并召开”的原则即可。第二类会议对学校干部的时间占用较多，看似影响一个人，实则影响一条线的工作效率，因此设置A/B角在关键时候替会，分散会议压力、摊薄干部的时间成本是较好的办法。第三类会议属于教师的主业，不怕多而怕低效。第四类会议是需要重点研究的，这类会议的多与少往往体现了学校管理者的智慧。

3.为何会议多

每所学校的业务基本类似，除了学校特色发展点不同，其余需要通过会议落实的事项往往差别不大，如果一个学校的干部、教师明显感觉会议多，其根源往往不是学校业务繁忙，而是学校管理问题，具体来说就是管理岗位职责混乱、学校信息传达不到位。

责任心强的学校领导面对推进缓慢的事情，或者能力不足的下属造成的困境时，往往采取“拼死拼活”自己干，或者“开足马力”用会议督促上级要求和发展目标的落实。但当我们冷静下来回头看时，可能才看清楚，开会的初衷并不是为了开会，或是解决当下某个具体问题。会议的组织者不能因为一时冲动，把会议的全部时间引到处理一个具体问题上去。一旦将会议的格调定位于此，那么会议将会越开越多，管理的时间成本也会逐渐加大。

二、如何让学校内部会议开得有质量

1.管理体系的理顺可以减少会议数量

前文说到会议多的根源多为管理岗位职责混乱和学校信息传达不到位。很多时候，管理者因怕事情落实不到位，在分工时故意造成重叠和边界不清，看上去给“人人搭把手，共唱一台戏”留足了空间，但是也让一些人产生了“总有兜底的，凡事不要紧”的思想。一旦遇到压力大、时间紧的工作，推诿扯皮、查找漏点的情况就会给某一方面的工作增加会议量，不得不召开推进会去梳理堵点和漏点。

再说学校信息传达不到位的问题。学校管理者对管理层和基层之间的信息通道往往有着路径依赖，即习惯于用某种方式传达后，基本不再考虑信息能否传达到位的问题。随着县管校聘的教师交流机制的建立和各单位的文化不断融合，不同的信息传播渠道在一所单位并存，哪些渠道是官方的，哪些渠道是全覆盖的，学校管理者必须清楚，这样就不会出现“我以为你早就知道”“你怎么会不知道”的情况。同时，学校领导要尽可能关闭对小道消息的收听和反馈，特别是要注意少反馈，否则会干扰正规信息通道的作用，导致信息在传达中走样。学校信息传达到位了，自然就不需要通过会议去反复布置和协调了。

2.开会形式的筛选可以缩短会议时间

除了涉及全体教师核心利益的事情需要通过全体大会来传达外，应当尽可能控制全体大会的频次。对于能够通过电话会议、网络会议落实的事情，完全可以通过信息化手段完成，没必要让大家中断手里的业务去专门开会。能够点对点完成的信息沟通就不召开会议，减少“陪会”的人数，就是对缩短会议时间最大的贡献。

3.开会内容的管理可以提升会议质量

第一，会议组织者应当在会前列一下会议议程并抄送给参会者，让参会者带着思考入会，而不是带着各自手中没完成的事情，人在心不在地进入会场。有了思考必然会产生互动，有助于一次性解决会议相关者的疑惑，避免再次召开解读会、沟通会。

第二，在一场会议上研究具体事项的处理和研究此类问题解决机制的时间比应当控制在4∶6以下，这样一场会议结束后，再次研究此类问题的会议就可以大幅减少。

第三，提前约定会议发言人的发言主题，不能让他们随意发挥，因为大部分发挥都是“信马由缰”跑题的。同时，对于思路不清楚的发言人，要让他们列提纲，避免“含混不清”耽误时间。

第四，重点关注对“纯表态”“读文件”等会议的管控，把握一个原则“能举手的就别废话，能自己看的就别读”。鼓励基于自己经验和看法的发言，更提倡分析学校现象（数据）后的研判类议题。主持人要敢于叫停那些纯粹基于个人感受和自我情绪的漫天抹糨糊式的发言。

第五，要设置会议“时间熔断”机制。到点开始往往是会议组织者很在乎的问题，但是到点结束往往是很多领导忽视的问题。其实会议组织者应当在会议开始就定下“时间熔断”点，这样可以让每一位会议中的发言者珍惜时间，提高效率。

最后，除了问题外，对于失败的会议经历，作为会议组织者的学校管理层应当进行复盘，找出会议拖沓、低效的原因，制订整改方案，让会议管理成为学校管理层的必修课。

总而言之，把会议开得有成效，看似只是节省了大家的时间，其实高效会议的背后，还能够赢得教师对学校管理团队能力的认同，同时也是对学校基层干部、教师工作和生活节奏的维护。要想学校有条理发展，不妨从提升会议的议事效率入手，逐步提升干部群体的认知效率，最终实现学校管理组织的高效运行。

2020 年 4 月

对小规模学校发展路径的思考

初来汾阳时，有一次打车到学校，打车软件提示“您要去的目的地为偏僻地区，请确保紧急联络人电话正确……”。还有一次在校加班，午餐时订外卖，订餐软件提示“您的配送地点不在配送范围……”。这两次经历让我感受到了在汾阳发展与生存的不易。这引发了我的反思，周边待拆迁的小规模学校如何在传统名校和新建大校林立的当下，有尊严地生存进而高质量地发展呢?

一、正视困难，多求支点

小规模学校处境困难的原因主要有两方面，一方面是外围环境导致的，如周边经济发展缓慢，当地人口搬迁至更好的环境，导致生源质量不断下降；另一方面随着学校办学环境的恶化，骨干教师外流成为不可控因素，学校逐步进入生源萎缩、人手不足的状态，进而出现资金有限、社会口碑下滑的艰难状态。

此外，小规模学校由于承接上级对外展示的机会少，因此得到的额外调拨设施相对匮乏，经年累月积累下来必然出现校舍破旧、办公条件差的状态。这种状态会使管理团队和教师团队产生自我要求不高的负面情绪，最终体现在凡事依靠人治、创新意识不足、发展动力不足、管理水平低下等状况。

通过与以前的校长交流、阅读前任校长撰写的著作，我发现前面两任校长对于汾阳路小学发展的思考点基本是一致的，他们都找到“乒乓球”这一支点，试图走特色兴校之路。但在全区质量提升的大环境下，单一的发展路径似乎又让学校陷入了新的困境，因此寻求更多的支点，成为小规模学校发展的必然选择。

二、借助外力，拓展资源

在内部资源有限的情况下，学校要想发展必然要引入外部刺激。一方面可以与企业或社会团体合作，以情感人、共享机遇，吸引与学校有关联的组织参与到学校的发展中来；另一方面可以最大化挖掘家校合作，办好家长学校和家委会，不断拓展社会课程渠道、复制助学提质的好方法。此外，还可以与同样处境的周边学校开展校际合作，实现资源共享，抱团取暖。

三、文化挖掘，提振信心

（1）精神鼓舞，让学有所向。学校的生源是不可选择的，因此必须将重塑生源的精神世界摆在学校德育工作的重要位置，让学生悦纳自我、相信自己会成功。

（2）活动激活，使生命成长。让学生通过活动锻炼和提升能力，进而产生对生活和学习的热爱，改变“学困生”“学困家庭”安于落后的思想状况才是小规模学校发展中的核心问题。

（3）环境改善，有温暖感受。努力改善教师的办公环境和学生的学习环境，让旧校舍有新生机，让教师和学生在学校时自由且舒心，是在当下好学校林立的大环境下留住人的前提。

（4）多元课程，令教育无界。课堂上我们可能比不过传统强校，但小学校可以开发更多的隐性课程和家庭课程，甚至可以指导学生选择适合的社会课程，实现无边界、全时空的学习，以弥补教学质量正面战场上的颓势。

四、创新治理，温暖人心

（1）树标兵形象。小规模学校由于缺少平行班的竞争环境，导致人的外在压力不足，因此格外需要树立精神榜样、突出业务骨干的地位。选择合适的机会让教师找到自己效仿的标兵是教师管理的首要问题。

（2）促团队发展。小规模学校可能缺少骨干教师，那么抓好团队用

“群狼战术”代替“狮王战术”是不得已的选择。这需要做好两件事，一是抓关键人，如班主任团队和教研团队；二是做关键事，用工作室建设推动群体的发展。

（3）快乐加减法。小规模学校的最大优势就是迎检少、对外接待少，因此减少内部不必要的检查，赢取更多的内部展示交流机会，将会实现时间领域的胜出。

五、科研兴校，学术引领

（1）课题带动成事。小规模学校往往缺少领头雁、带头狮，可供借鉴的经验与成果也寥寥无几，因此帮助年轻人提炼总结自己的经验和成果显得格外重要。这就需要走课题研究之路，在完成常规工作的同时，成研究之事。

（2）学术思想兴师。给普通的工作赋予不同寻常的意义，用科研特有的学术思想思考问题，在常规工作中树立学术氛围，在成事的同时成发展之人。这是小规模学校培养自己专属名师的唯一路径。

（3）问题意识克难。在工作中最可贵的意识就是发现问题、解决问题的意识。懂科研的人不会将问题视为常态，而是会用研究的视角去看待问题，并在寻求问题解决的过程中，突破自我认识，最终解决别人认为不可能改变的问题。改变小规模学校的困境，恰恰需要这种意识。

总而言之，小规模学校要想寻求破局之路，在生存中求质量，只有将上述一整套“组合拳”打流畅。

2020年8月

STEM课程的流程是什么

在区教育和体育局的信任与支持下，青岛沧口学校有幸成为第一批STEM课程试点学校。近期通过对过去一年STEM课程的回顾与反思，我梳理出STEM课程的流程如下：

一、任务导入环节

该环节的目的是引发学生对任务的兴趣，提供广泛的背景知识，帮助学生理解本节课有关的核心知识。

二、任务发布环节

该环节以动手驱动动脑，引导学生深度思考。这一环节要求学生能够明确任务，在此基础上进行有针对性的设计，并预测实验结果。这一环节的学习方式主要是头脑风暴和小组讨论。

三、制定评价量规环节

提前发布评价量规，让学生在动手实践前就明确自己努力的目标。在教学实践中，可以让学生对量规的权重进行表决。评价可以从五个方面展开：制作有效性、任务完成效率、对美感的追求、团队合作、任务演示。

四、执行与操作环节

在这一环节，教师通过巡视达成以下目的：关注整体梳理较弱的小组；发现表现好的小组作为榜样，让其他小组来观摩；提出引导性问题，使其成为内化思考的垫脚石。

五、总结演示环节

在教学实践中，本环节的核心任务是让小组间质疑，最终达成相互借鉴思维、共同提升的效果。在遇到集体思维瓶颈时，教师切忌给出具体答案，可提出引导性问题，以逐步达成扩展思维的目的。STEM课程的结果是开放的，实验结果的成败已经不重要，这是STEM短课程与科学实验课的本质区别。

六、课程评价

我认为，可以从以下十个维度进行评价：（1）兴趣为先导；（2）动手带动动脑；（3）联合相关学科；（4）有相对明确的评价量规；（5）引导总结、提问有深度和梯度；（6）与真实世界的相关性；（7）突出小组合作；（8）突出科学方法；（9）突出元认知作用；（10）保证学生的自由度。

2018年4月

如何借助“外脑”重构“内脑”助力学校高位发展

——对提升学校外部合作项目有效性的思考

青岛沧口学校作为李沧区第一所真正意义上的九年一贯制学校，从诞生伊始就得到了教体局各个层面领导的关照与厚爱，学校先后参与了山东师范大学研究生教育实践基地项目、东北师范大学学校改进项目、美国教育联合会STEM合作项目、中能U13足球队合作项目、青岛锦鳞游泳馆合作项目、李沧区少年宫艺术班项目、李沧区交响乐团项目等教育合作项目。在各类外部专家的帮助下，学校相关工作均得到了明显的提升。在参与合作的过程中，我不禁思考这样一个问题：中小学寻求“外脑”（专家思想）的帮助是需要时间、金钱和内部人力成本的，这种帮助不可能永远持续下去，如何在外部专家撤离后，让学校的“内脑”（干部、教师的思想）能够顺利接轨外部专家思想，确保原有项目能够保持教体局预期的发展态势，不走样、有创新地开展下去呢？

一、外部合作项目专家与基础教育者的思维差异在哪里

以前在研发中心的时候，外出到名校学习和参观的机会比较多，当我和被参观学校的校长们交流时，他们说得最清晰的往往是他们学校的发展状态，谈得最自信的常常是他们在办学实践中的操作路径，聊得最兴奋的就是他们对学校发展和文化建设的思路与展望。近一段时间以来，当我集中精力阅读了名校长的二十余本教育专著，回顾学习了2014—2017年我区校长的述职课件后，我越来越清晰地感受到，一线校长对“行”的重视，同时他们的“思”往往是服务于“行”的。他们对和本校“行”相一致的理论研究十分精准到位，但是对和本校“行”相矛盾的理论一般很少去系统研究，往往会习惯性地“视而不见”。这一学校发展路径基本是“实践—经验总结—再实践—经验再提升”的过程。

再反观合作的另一端，外部的专家学者往往有着深厚的专业知识背

景，他们主要从三个不同视角来观察学校。一是哲学思辨的视角，这类专家十分重视哲学逻辑推理下的理论和概念研究。二是实证主义的视角，这类专家往往持有价值中立论，当他们面对基础教育领域无比自信且成效明显的办学思想与研究成果时，往往会深入追问，寻求“假设—验证”的演进过程。对于我们基础教育通常的“行动”与“成果”间的弱相关性，他们在合作中往往表现出“不理解”或认为“找不到规律”。第三是人文主义的视角，这类专家承认教育的复杂性和整体性，因此希望在合作中长期深入地跟进具体合作对象，以期对基础教育的合作项目产生全面深刻的理解，然而由于受限于合作的频率和周期，短时间内往往很难得出有效的发现。

二、如何用好“外脑”重构“内脑”实现高位发展

基于对上述合作双方思维差异的理解和研究，我认为要减小差异，实现从外部干预到内部发展，必须采取如下行动：

（1）“挨家挨户”，签订个性化合作方案。双方合作方案的制定需要在教体局主管科室的主导下，由外部专家团队与中小学管理层经过多轮沟通，达成共识，合作目标、合作内容以及合作方式应该包含学校的特质。

（2）“相尊相蕴”，理解彼此的视角。在专家眼里，系统化的思想、理性的分析和抽象概括的成果是合作的重要目标，因此，他们总是希望学校的合作者像研究生那样，能够深入系统地聚焦某一问题，用独特的视角研究，得到有见地、有创新的结论。而学校的合作重心却是希望外部专家能够帮助梳理总结目前已有的办学成果，寻找实践中的理论依据。这就需要双方正确面对目标的差异，共同思考并采取一致行动。

（3）“调频变频”，实现“外脑”思维的可视化。作为对接合作项目的学校分管干部，我们应当主动研究专家的学术背景，读他们最新的研究文献，看他们的研究专著，理解他们的研究方向和结论，将他们抽象、系统、理性的学术成果与自己学校的具体、鲜活、个性的案例对接，主动发现可能产生关联的点。同时，要清醒地认识到我们的目标是成为实

践专家而非理论专家，明确理论是为了更好地指导实践。

（4）“补锌补钙”，促进“内脑”全面发育。中小学不可能永远购买服务，因此必须打造属于自己的“内脑”，实现可持续发展。一方面，合作项目的分管领导必须聚焦项目本身，明确自身在学习对接中欠缺什么。必要时，还要采取系统培训，促进团队成员的成长，使他们具备读懂和传承专家思想的能力。不能仅指望专家上门服务，必须走进专家的“试验田”，在专家的实践现场学习。另一方面，合作项目的分管领导必须形成自己学校在合作领域的研究问题，带着问题去合作，用具体的真实问题去磨炼“内脑”，促进其发育。

（5）“和衷共济”，加强合作项目联盟校的校际间互动。在合作中，由于视角不同、参与人员背景知识不同，各个学校肯定会产生不同的感悟和收获。因此，参与同一合作项目的干部和教师应该建立起一种互动交流的联盟体，分享合作经验，当专家撤离后，联盟校之间可以实现协同互助的发展。

总之，我们只有理解外部专家的思考方式，有针对性地行动起来，才能将合作项目的效度最大化，使每一次合作都能培养起一批行动者和思想者，实现教育教学工作的高位发展。

2018 年 7 月

用什么课程统整艺术与人文学科

——对中小学电影及戏剧课程价值的思考

暑假利用闲暇翻看了自己参与编剧的“三人行”课改舞台剧以及十多年前自己编剧并拍摄的几部短片，让我突然联想到现在比较流行的课程统整。如果说STEM课程解决了以科学、数学为代表的理科课程的统整学习，那么是否有一种课程可以将艺术与人文学科统整起来？我又联想到今年暑假热播的电影《邪不压正》中的彭于晏，他用身材惊艳观众的同时，背后的故事也引爆了微信朋友圈，因为他在挑战一个又一个不同角色时，学习了一个又一个行业知识，历练了一项又一项特殊技能。这不禁让我想到，能否用电影或戏剧课程的形式，将艺术与人文学科统整起来，做成学生喜欢、社会接受、专家认可的教育载体呢？这么做的价值和行动路径该如何确立？带着这两个问题，我展开了思索和探究。

一、中小学电影及戏剧课程的价值

如果要用一种课程展现人类从古至今的智慧成果，并兼顾和表达人文与艺术两大教育主题，我想恐怕只有在电影或戏剧中模拟了。面对中小学分科课程的设置，开设电影或戏剧课程确实是一种艰巨的挑战，但这种挑战本身恰恰隐含了巨大价值，或许它能够在实践中回答综合性人才培养的问题。如果给中小学电影或戏剧课程定位，我想可以表述为“刻画人物、理解生活、演绎未来”。

“刻画人物”的价值在于，让学生通过对经典剧目的观看、扮演，身临其境地体验作品中人物所处的情境，充分展开文本的内容，深入感受应有的知识和心理状态，让书本和经典活起来。

“理解生活”的价值在于，将生活的多样性展示给学生，将视角的多元化传递给学生，甚至将跨文化、跨职业、跨性别的特殊体验带给学生。这是一种立体的、饱满的、充满挑战和情趣的生活体验，可以让他们理解真实的社会并为将来的职业规划和选择做出铺垫。

“演绎未来”的价值在于，可以更好地培育学生对自由、想象和创造的掌控力，因为在电影或戏剧中，学生可以发挥全部所学进行创新，可以大胆塑造他能想到的一切。

同时，由于角色具有多样性，每一名学生都可以找到适合自己的位置，或是挑战自己的性格局限去演绎别样的自己，还可以让内向和拘谨的学生在参与群演、剧务等活动中融入集体，开启学习之旅。

二、中小学电影及戏剧课程实施的路径

为了方便表述，我暂且将中小学电影及戏剧课程的行动路径分解为“台前”与“幕后”。

（1）台前。我们可以组合应用原本独立的器乐、歌唱、舞蹈、美术等艺术，采取课本剧、即兴主题表演、舞台剧等多种形式为学生综合展示提供一个窗口；还可以让有兴趣的家长既当观众又当评委，通过公众号、抖音或剧场等新媒体和传统媒体进行推广，让学生感受成功、体验成就。

（2）幕后。用剧本创作串起经典著作的阅读及写作课程，帮助学生理解结构、冲突、趣味、叙事、情节的文学及艺术意义，用分镜头脚本理解画面与空间、局部与整体的关系，用拍摄剪辑理解技术与艺术的关系，用布景布光体验环境与生活的联系，用群演和剧务体验服务意识与大局观念。

三、中小学电影及戏剧课程的研究内容

我认为，在开展中小学电影及戏剧课程的研究时，首先，应着眼于学生在此情此景中的所说所做、所思所想，采取质性研究方法，确定在不同情境中学生的反应，以系统了解学生的思想状况、身心状况、兴趣爱好、文化背景、学习偏好等，为探索影响学生学业质量的多因素分析提供可能的视角。

其次，剧本，特别是原创剧本，是电影和戏剧的灵魂。如何选题、

如何制造冲突、如何塑造人物、如何表现结局等，都是学生编写剧本的难点，应该作为中小学电影及戏剧课程的研究课题。

再次，在教学中如何组织协调不同专业教师的力量，采取何种学习形式才能确保中小学电影及戏剧课程的教学质量和现场实施的效果，也是极为必要的研究课题。

最后，电影与戏剧首先是生活思考的重现，然后才是舞台技艺的表达。如何将艺术教育和人文教育的内核与现实生活关联起来，让学生对现实生活有所思考和创造，也是值得我们研究的内容。

不难看出，中小学电影及戏剧课程不同于职业艺术专业的学习，它们只是架起了学生已有知识与不同社会情境之间的桥梁，是学生体验不同生活状态，创造性地思考现实问题、处理内心冲突的一个窗口。开发好这两种课程，在教学实践中往往会有意想不到的收获。

2018 年 9 月

除了课程前置我们还可以做什么

——对中小衔接的思考

青岛率全省之先实行优先发展职业教育的政策。在全市九年一贯制学校联盟的启动会上，“做好中小衔接”成为各区县普遍认同的做法。但是如何衔接？仅仅是简单的课程前置吗？如何实现平稳过渡？如何防止急功近利造成教师和学生负担过重？现将我对这些问题的思考总结如下：

一、学校课程的贯通

学科课程标准本身是一贯制的，但会因为教材版本不同、监测标准不同、教师（教研员）学术背景不同等产生无法贯通的大跨度现象。因此，破解的思路比较清晰：对于知识跨度大的情况，只需要纵向梳理出同一知识点在跨度时所需要的“台阶”，在“台阶”处开发衔接课程，并在适当的时机做好教学即可；对于监测标准不同的情况，解决思路是让前段的教师（教研员）提前“把脉”，在教学中理解后段的学习标准，并依据标准做好铺垫，以此来减少学生发生错误的概率。

在学校层面，衔接课程的开发要尤为重视学生的实际情况，合理设置教学目标，做到适度即可。同时，对于衔接措施的处理要依据不同学科特征，赋予学科教研组自主研判的权力。

从行政干预的视角来看，一方面要适度加强对小学阶段质量监测的过程数据收集，避免问题累积；另一方面要组织跨学段的教研活动。此外，对于跨年级组教学活动的评价也是学校教学管理中需要思考的问题。

二、学习方法的贯通

学习方法又称学习技术，是指学生在学习中解决问题的经验、途径、程序和技巧。小学低段的“手把手教”、小学高段的“反复操练”、初中阶段的“快速推进”，三种教学方式的巨大差异会让一些学生产生不适感。因此，学习方法的指导是一个不得不面对的问题。然而中小学教学质量要求的差异导致了教师教学方式不同，进而决定了学生学习方法存在差异。学生在小学阶段学习生活时间较长，学习方法相对稳定，升入初中后如果没有专门的指导，学生则需要较长的时间调整。

针对以上现象，我认为中小衔接过程中最重要的学法指导便是对学生自主学习方法的指导。自主学习包含：个人学习目标的制订和调整、学习进度的安排、努力程度的调节、学习方式的选择、时间的利用、学习效果的自我评估、问题补救等。学校必须对此予以重视并组织专题辅导。此外，学校还要加强一般性的学法指导，包括如何听课、如何提问、如何记笔记、如何复习（整理知识体系）、如何面对考试、如何自我评价（确定追赶目标）等。

三、学习能力的贯通

随着学段的跨越，学生必须提升自己的学习能力。关于培养学生的学习能力，我们需要关注这样几点：一是从传统的接受学习到发现学习能力的转变，二是从情境学习到抽象学习能力的转变，三是从维持性学习到创新性学习能力的转变，四是从教师主导到自主学习能力的转变，五是从个人学习到合作学习能力的转变，六是从记忆性学习到基于问题和项目学习能力的转变。

四、心理调适的贯通

小学阶段学生心理发展受教师、父母的影响较大，而进入初中阶段，学生的独立性显著增强，往往排斥原有的影响源。随着知识点数量的增加和难度的加深、课时进度的加快，习惯于小学里教师“手把手”慢节奏教学方式的初中新生，对中学课堂中教师“大踏步”带着走的教学方式普遍感到不适应，表现为学习态度和求知欲的快速衰退。一旦学生学习态度出现问题，我们必须及时干预，否则学生将会陷入消极的学习状态。因此，学校要出台有针对性的德育制度，组织适当的德育活动。例如，由班主任整理反馈学生的心理困惑，由科任教师整理反馈学生的学习困惑，由政教处和教导处协调时间与活动方式，由学校心理教师开展心理集体辅导活动，以组合拳的方式完成对心理调适的贯通。此外，还可以通过家委会加强对家长的指导，增加其抗压能力，避免他们把过度的压力传导给学生。

综上所述，中小衔接是个系统工程，我们要拿出专门的精力去认真思考、谨慎探索。

2018 年 11 月

如何整合学校的阅读资源

——从读书环境建设入手唤醒学生的阅读兴趣

说起阅读，从学校到社会，从课堂到家庭，都极为重视。单说教育主管部门，教研室通过课堂与检测主抓阅读质量，装备办从流通和记录刚性评估阅读数量，语委办从书写和展示刺激阅读的产出……在上级的指导和帮助下，各学校的阅读工作取得了不小的成绩，但我认为学校还应当主动作为，而非简单地跟随，才能彻底唤醒学生阅读的自觉，取得质的变化。下面我从学习环境视角谈一下我的思考。

一、如何把学校变成图书馆

随着学校交流空间管理意识的普及，用书来填补学校公共空间成了很多新建学校的一个通识做法。但是简单地将书架和图书摆放到合适的空间里，不可能立马成为师生主动阅读的动力源。学校管理者必须思考，如何才能吸引师生走到阅读空间，走进图书馆，放慢脚步坐下来，感受阅读带来的精神享受。我想在布置环境时可以考虑这样几种做法。

（1）拉近距离，人在书中，书在手边。我们可以人为地创造近距离接触书的机会，让每一个可以停留下来的地方（能站、能坐的地方）都充满图书，人在书中，书在手边，就是对人获取知识最真切的帮助。

（2）关注体验，坐在惬意，读在美好。很多白领和自由职业者都喜欢在咖啡厅办公、谈事，似乎没有具体的原因，但肯定有一种美好的感觉留住了他们。我们的图书馆和交流空间要为师生提供一个能够排除喧嚣和紧张、聚集美好精神的场所，让阅读成为生活的一部分。

（3）提供社交，读己读人，融入圈子。当前，无论是商业领域还是教育领域，越来越多的场景学习都在思考社交问题。我曾经看过这样一个故事：图书馆里的一本老书上几十年前一个读者（当代“大牛”）的借阅签名，给了晚辈读者莫大的鼓舞，激起了他“横扫”图书馆的决心。

由此可见，即便是借阅记录这样的简单社交都有这样的作用，那么公告板、涂鸦墙上的已读感受肯定也能强化人们读书的欲望。

二、如何激活班级图书角

班级图书角作为除了图书馆和交流空间之外的另一个重要阅读环境，越来越受到学校的重视。特别是那些走廊空间不足的学校，逐渐开始思考如何利用好这个角落。下面谈几点我的思路：

（1）树立榜样推动阅读开展。借助区教体局的图书角评选活动，深入开展班级图书角建设，设置杂志漂流栏，让个人读物得以充分共享。建立全校统一的读书小英雄排行榜（可以参考读书数量、捐赠数量、读后感写作、主题演讲等评价维度），开展图书角英雄榜活动。

（2）利用媒体进行宣传推荐。以区（校）为单位建立图书推荐公众号，及时推荐优秀期刊、优秀学生作文、优秀班主任事迹等。有条件的情况下，还可以设置阅读打卡、分享读书经验的小程序，建立全区统一的积分和奖励制度，打通线上线下阅读推荐活动。

（3）鼓励教师拓宽阅读资源。开展课外图书整本阅读、课外期刊主题阅读指导课的评选活动，鼓励教师将课外图书和期刊作为教学资料。

（4）学科阅读助力教学工作。开展突出学科特色的图书（杂志）阅读活动，鼓励班主任或任课教师开展自学指导。

（5）策划活动刺激精准阅读。组织游戏化阅读竞赛，关注阅读的过程性任务。可以采取限时阅读、给定主题提前阅读等方式，组织相关的主题阅读知识竞赛、团队闯关活动或读书演讲论坛等，对参赛队伍和个人给予奖励，将阅读塑造成学校的教育品牌。

综上所述，读书是接触世界文化最便捷的方式，在学校里构建一个阅读环境，助力各种阅读活动的开展，让阅读成为师生内心向往、身心享受的生活组成部分，我想是每一个后勤副校长最大的成绩。

2018 年 12 月

打通教研、科研与培训的一招妙手

——谈校级教师工作室的价值与发展方向

本月学校迎接了区教育研究发展中心的调研，在调研中我就相关业务与区教体局培训科、教科室、装备办的同志进行了细致的交流。我关于在外部资源普遍不足的情况下如何利用工作室打通教研、科研与培训三个领域，实现教师自主发展的想法，得到了崔博文老师和李前老师的肯定和鼓励。现将我的思考总结如下：

一、提振教师的专业自信

教师职业与体力劳动类职业有无差别？如果有，我们在教学管理中除了用抓生产、提产能等提升工人效率的方法之外，还可以用什么特别的方法激发教师的潜能？在我看来，驱动教师的所有外力之和都小于教师内心对自我成就（或幸福）追求的动力，即主动发展的动力源。

学校层面可以利用教师工作室让教师聚集在一起，成为互助发展的动力建构者，共享抱团发展的智慧。用工作室的集体特色激发每个成员的个性，促进教师个人风格的形成，进而提振教师的专业自信。拥有了专业自信，教师才有可能敢于发出自己内心的声音，开启对自己的深度认识，最终获得对自我的接纳与认同。工作室的核心目的恰恰就是将成员本身作为事业来经营，甚至当成品牌来打造，在创造工作室价值的同时帮助每一个成员实现自身的价值。

二、扎根课堂的理论生成

（1）工作室助力教师成长。上海师范大学教育学院教授、上海新纪元双语学校校长李海林曾说，一位优秀教师的成长至少需要经历第一个成长期、高原期和第二个成长期。如何让教师顺利度过高原期，步入第二个成长期，是一线教育管理者普遍面临的问题。一般而言，处于高原期的教师，工作内容长期没有变化，觉得别人做的、专家说的自己基本都知道，但是理论和经验学不来，偶尔参与学校推动的一些改革，也看不见什么效果。其实当一个个个体思维通过工作室连接起来，形成群体思维和群体智慧，原本不可能完成的任务和挑战就变得容易起来。

（2）科研催生经验转化。仅从认知学习视角来看待教师培训，会导致过于重视经验，让教师醉心于学习、听课、交流，想要通过对一流教师、一流课堂、一流管理的模仿和学习，获得教改成功。然而由于学校生源构成和学校文化不同，隐含的干扰因素很多，所以教育教学必然是个性的，致使已有的成功经验很难通过复制再次取得成功，因此就不会出现“包治百病的神药”。“他人的药方”只能给自己提供一种思路，只有深刻研究自己身边的教育现实，扎根于课堂，才能催生经验的转化。

因此，在认知学习视角之外，我们不妨加入一个情境学习视角，将工作室的年度工作计划与教学中的实际问题关联，让问题和难题成为工作室成员的课题，让工作室的研究扎根于课堂，通过团队的发展，让个体从习以为常的经验中跳出来，用科研的工具和方法提升和改造个体经验，做到去芜存菁、提炼升华。这一工作室加科研的自我催化过程，最大的价值不是获得的成果本身，而是让一线教师知道了成果产生的过程。这一自我培育的方式，必将催生出一批批具有学校特色的教科研成果。

三、追求理想的本源动力

教育教学如果只留心学生当下的学习成绩，那就有可能关注不到学生“成绩好”之外的其他优点。结合扩展性学习视角（解决知识创造问题），给教师提供一个静心反思的场所，让他们在每天必争的“速度”和“效率”之外，思考一下“方向”和“角度”，或许可以让他们在面对新知识、新对象的挑战时获得心灵力量。教师工作室的建设是一个系统工程，一方面需要从实践中获取拔节的能量，另一方面还要从反思中找准拔节的位置，找准了做实了，理想也就照入现实了。

在我看来，当教研、科研和培训通过教师工作室这一枢纽联结在一起时，必然会激发工作室群体的自觉，而群体的自觉会进一步强化教师个体的自律。工作室团队一致行动，用科研指导教研，用团队驱动个体，用改革创新落实学习成果，在实践前沿不断探索，必然会突破个人成长的高原期，培养出真正的名师。

2019 年 3 月

如何用读书带动教师的专业发展

陶行知先生说："出世便是破蒙，进棺材才算毕业。"这就要求教师要始终处于学习状态，站在知识发展前沿，刻苦钻研、严谨笃学，不断充实、拓展、提高自己。过去讲，要给学生一碗水，教师要有一桶水，现在看来，这个要求已经不够了，教师要有一潭水才行。这对教师的知识量提出了极高的要求。如何成为知识量达标的教师？我想除了持续不断学习别无他法，而学习最便捷的方式，无外乎读书。现将我对教师读书的思考总结如下：

一、为什么教师需要读书

教师要想在社会环境、教育要求、硬件条件、学生水平、家长支持度等众多条件不断变化的情况下，寻求最佳的教育方案，恐怕除了读书学习没有别的途径了。朱永新教授将"专业阅读+专业写作+专业发展共同体"的教师发展方式作为新教育实验的出发点，在他看来，应当把教师阅读放在学校改革的首要位置。可见，读书对于教师行业的意义极为重要。

有人提出教师的发展分为两个阶段，处于第一个发展阶段的教师提升业务能力的最佳手段是听课评课、上公开课、集体备课、校内师徒结对等，当以上手段很难再提升能力时，说明教师进入了第二个发展阶段。而在第二个发展阶段，读书、反思、专家指导、课题研究、总结成果、撰写论著等则成为极为重要的发展手段。一旦教师度过了这个时期，就极有可能成为具备自主发展能力的名师。因此，有一定工作经验的教师也需要养成天天读书的习惯。

二、应该如何读书

1.读什么书

南京师范大学附属中学校史馆里，有一张20世纪30年代教师进修课程表，当时规定学校教师每年都要到大学进修，进修的专业课首先是与自己任教学科不同的学科，其次是与自己任教学科相邻的学科，最后才是自己任教的学科。肖川教授曾说，教师的专业知识应包括本体性知识（任教学科知识）、条件性知识（教育学、心理学、教学论、课程论等）、实践性知识（教学经验）、文化知识（教师的知识面）。由此可见，教师除了要读教材、教辅之外，还要阅读教育通识类书籍和能拓展自己知识面的书籍。

2.读多少书

有人说教师要坚持读书一万小时。在我看来，读书数量要因人而异。2014年之前，我是依据兴趣来读书，时多时少，不太系统，收获不大。2014年以后，我给自己确定了一个基本的量，即一天阅读10万字，读了4年，结果把身体熬坏了。读书的量不可强求，在身体允许的情况下适度就好。

3.如何读书

在区里的读书活动启动仪式上，杨建英校长分享了他的“专人读书法”，即盯住一个作者的写作方向，系统地阅读学习，这需要拿出时间和精力细细品读、深入分析。而我更喜欢“专题读书法”，即把关于某一主题的书买回来，比较着读，用思维导图把它们联系起来。具体操作时有如下技巧：

（1）撰写读书反思。读书与写作相辅相成。徐特立说：“不动笔墨不读书。”黄宗羲说：“文章之道，非可一蹴而就者，苟好之，则必求天下之书而读之。”这些都是让读书人要学会输出，在写作中获得读书的真谛。

（2）运用书签。我读书时喜欢用书签记录上次阅读的进度、本次阅读的计划、书中金句所在的页码，以及自己的感悟等。

（3）交流与分享。读书离开对话和交流，就成为一个人的坚守，往往会失掉很多分享的乐趣。古人云，独乐乐不如众乐乐，说的就是要与人分享。而读书后的分享，不仅能强化自己的感悟，而且能从与别人的视角碰撞中产生新的思维。在我看来，如果读书后的分享能够与自己经历的教育案例结合起来，会有更大收获，甚至能点燃同伴的激情。

（4）仪式感。据说民国才女林徽因每次在夜间作诗前都要做足仪式——沐浴焚香，一盏茶，一把琴，一本线装书。读书分享会也需要一定的仪式，因为读书的仪式感能够不断地给读者传达自我暗示——读书是极有意义的，这也会激发读者用庄重而认真的态度去思考和践行书中的知识。

三、如何带动一群人读书

一个人读书不如带动一群人读书，那么学校干部该如何带动别人呢？我想可以尝试这样几种做法：（1）在校内读书会上梳理读书愿景和实施计划，促进形成读书文化；（2）吸引学校主要领导参与和支持，必要时投入资源，固定阅读场地和时间；（3）在教师群体中寻找知识面广、视野宽、真心喜欢阅读的“阅读骨干分子”；（4）克服急于求成“下猛药”的读法，用分享会控制阅读进度；（5）“晒书”“晒进度”“晒反思”，刺激阅读群体坚持与自律；（6）控制好读书分享会的人数与退出机制，避免出现滥竽充数的情况。

总之，阅读是我们身为教师不得不面对，也必须践行的事情，在阅读中感受自己点滴的成长是我最幸福的时刻。

2019 年 5 月

如何设计假期作业

最近翻阅了一本关于指数基金投资策略的书，书中说对于指数基金而言，“时间”是十分重要的获利影响因素，长期坚持终将会收获“微笑曲线”。联想到即将到来的漫长假期，每名学生都会有可以自己掌控的时间，教师和学生该如何联手把“时间”这个变量用好，设计出平时因课业负担过重而无法尝试的挑战性作业，让暂时落后的学生实现弯道超车，同时让学有余力的学生挑战自己的能力上限，使每名学生在假期过后都收获自己的“微笑曲线”？现将我对这一问题的思考总结如下：

一、假期作业形式的选择

（1）时间管理。我认为假期最重要的一项作业就是制订假期的时间管理规划。对时间进行合理规划与利用往往是中小学生欠缺的一种能力，要让学生学会规划自己的学习、运动和休闲时间。时间管理的方法和工具很多，最简单的就是将每一天的事情根据轻重缓急加以安排并按序完成。这一作业是顶层级别的作业，是后续作业得以完成的前置条件。

（2）每日“打卡”。进入假期，每天有教师督促的学习形式基本告一段落，如果没有一个有效的手段干预，能够自主进行学习的中小学生人数将会减少。如何让学习行为保持下去，进而形成无监督状态的自发学习习惯？我想一些学习软件所采用的“打卡”方式可供我们借鉴。利用软件或者通讯群，形成“打卡”的可视化记录，可以让学习态度成为可观测的对象。“打卡”的内容可以是读书、背单词、口算等。

（3）演说播报。平时为了快速掌握学生的学习状态，教师普遍选择书面作业，以便于批量检查和反馈，但是这样一来，个性化的互动自然会减少。假期我们可以选择一些演说类作业让学生表达自己对某类问题的见解和思维过程，教师可以借此对学生的学业能力进行多维审视。

（4）创编题目。经过了一学期的学习，学生头脑里对相关知识基本形成了一定的知识图谱，可以采取学生自主创编题目的形式对学生头脑中的知识图谱进行检测。如果学生能够围绕指定的知识点设计题目，且设计的题目达到一定质量，则说明学生已经获得相关能力。同时，将学生自主创编的题目筛选后，再发布给其他学生解答，可以增加命题人的自信，促进更多的学生进行训练。

（5）素材积累。假期学生有时间阅读一些课外读物，教师可以选择一定的积累任务，让学生将课外阅读的收获以素材的形式收集起来，进而形成自己的资源库，并以适当的形式呈现出来。

（6）预习新知。假期学生有时间进行自主学习，教师可以适当提供导学素材，让学生根据自己的情况自学下一学期的内容，并提出自学问题，互助解答。

（7）动手实践。课堂上40分钟，我们虽然可以安排动手任务，但是往往都相对简单。假期我们有充足的时间，可以让学生动手实践。例如，按图纸拼装一件小家具（如鞋架），或者绘制一张从家去最近超市的地图，还可以为某项玩具（如滑板车）写一个说明书等。动手动脑的任务既有挑战性又有趣味性。

（8）职业体验。如果条件允许，可以安排学生跟随父母走进父母的单位体验一天，并针对父母的工作提出问题和改进意见。或者把学生交给居委会或小区物业，让他们帮助大人做一天管理并提出自己的改进意见。

（9）观看电影。一是观看根据原著拍摄的电影。教师可以适当选择一些电影作为学生阅读的延伸，让他们从电影中获得对原著的深入理解。二是观看推理电影。教师可以指导学生绘制人物关系图，通过观看电影进行思维训练。

（10）参观旅行。可以让学生跟着课本去旅行，对这学期或下学期课本提到的地点或物件进行实地考察，形成感性认知。

二、假期作业的组织与把控

（1）教师层面。假期教师自身也需要学习，无法像工作日一样全程跟踪学生的学习状态。在我看来，组建学科学习社团是学生自我组织、自我管理的一种有效办法。教师可以依据平时学生的学业情况进行分组，设置组长和副组长，再发布分层任务和必选任务，学生完成后由组长和副组长批阅，完成积分统计。教师根据积分情况进行适时点评和督促。

（2）家长层面。家长应当协助学生记录每日学习任务的完成情况，并通过家校沟通渠道进行反馈，对学生进行必要的督促。

三、假期过后的总结与反馈

上述个性化的作业，学生必然会倾注不同的感情和努力，因此假期结束后，有必要组织一个精彩作业评选活动，选出不同类别的获奖作业，由任课教师（课代表、学习小组组长）进行点评和颁奖。在奖励自律和勤奋的同时，更要鼓舞创新和成就，在评选和表彰中让假期作业成为学海行舟中的一段顺流之旅。

关于假期作业形式本文仅列举了十种，这些并不能涵盖中小学生能够挑战的全部任务，但我认为只要教师尝试在作业中加入时间变量，必然会激起学生的创新和思考。

2019年6月

面向家长的助学指导设计

在学校新学期重点布局家长学校建设的要求下，结合家长期望助力学生学习的诉求与助学能力不足的现状，我开展了简短的助学指导，现将具体指导思路总结如下：

一、邀请家长助学的教育观念与沟通角度

家长都是重视孩子教育的，但是往往缺少直接助力家庭教育的能力，同时对学校教育的认识水平往往参差不齐。要想让家校双方取得信任，形成对学生教育的合力而不是对抗力，就需要相互沟通教育观念。

在与家长沟通的时候，要解决如下问题：

（1）聚焦“关系”，提升家校信任程度。我在培训中提出“种田靠天气，教育靠关系”的观点，让家长重新审视自己与学校、班主任、任课教师的关系，认识到尊重教师、与教师相互信任的重要性。

（2）聚焦“努力”，调整家长心中对好教师的定位。我在培训中提出“学习是脑力活，不是体力活”的观点，死命抄、死命练的不一定是好学生，指导学生这么做的教师也不一定是好教师。因为学习的时间总量是固定的，必需的放松时间一旦被挤没了，孩子的身心发展问题必然会成为学习可持续发展的最大阻力。我认为，那些作为学生“激活者、示范者（社会榜样）”的教师才是真正的好教师。

（3）聚焦“理顺”，唤醒教育多维共振的力量。培训中，我引导家长理顺“心、身、德、家、学”五维关系，让大家思考改变的路径，唤醒教育多维共振的力量。

（4）聚焦“差异”，形成激活彼此的共同认知。培训中，我与家长一起讨论了“今天的学校教育与我们当年有何不同（熵增理论）”“现在的学生与我们当年相比缺少什么（吃苦、合作、信仰）”和“我们的孩子如何在激烈的竞争中保有跃迁的可能（习惯、品质、追求）”三个问题，

在互动中分析了家长的教育经验与当下教育特点的差异。

（5）聚焦“育人”，比较教育与养育的不同。培训中，我分析了家长的养育经验，目标聚焦于性格与品德、习惯与健康；还分析了学校的教育经验，目标聚焦于能力与素养、智慧与技巧。

二、邀请家长助学的技术支持与能量传递

（1）引入高质量学习的概念。高质量意味着低损耗，让学生用最短的时间解决问题，而不是把全部精力耗费在机械学习上。我提出四个行动策略：拓宽广度（从训练认知能力到培养情感能力）、延伸深度（从做对题到会做题，聚焦“知识—能力—素养”的变化过程）、提升高度（审视适合的教育，如作业量、激励方式、严厉程度、学习方式）、提炼浓度（培养对学科本身的热爱）。

（2）关注家庭学习中的假努力。我提示家长注意这样几种现象：方法不当的努力（只会消耗学习动力），低质量勤奋（掩盖的是真懒惰），机械记笔记、机械刷题、不走心，让不懂的问题过夜等。

（3）寻找家庭学习的缺位点。如学习无计划，课前不预习，学习不定时，做作业之前不复习，字迹潦草，家长不过问等。

（4）进行建设性批评。批评的目的是为了做得更好，查漏补缺。批评的焦点是对学习困顿的系统解决，而不是对当前成绩的解决。

（5）注重实战的技术，如：

时间管理：效率是关键因素（用时长不等于思考深），会学习也会休息（精力是有限的），聚焦薄弱环节。

学习笔记：记错题（错点）、记思路、梳理知识体系（考点）。

一题多解：寻找多种解决方法，训练思维。

考前准备：找准目标、找到差距、整体思考、掌控时间、调节情绪、屏蔽干扰、积极暗示。

总而言之，我认为家长的助学工作是分层级的，由关注技巧、关注方法到关注心理，只有家长在学法指导上晋级了，助学才能更有质量。

2019年10月

教师与家长有效合作的新思路

本学期根据教育局统一安排，各学校都围绕提升教育满意度开展不同层面、不同方式的家校沟通会议。由于分管此项工作，我参加了学校校级家长委员会座谈、六个年级的家长代表座谈、三个年级的全体家长座谈、所带班级的部分家长座谈，十余场座谈下来，我得到了一手的、真实的、需要我们解决的家长诉求，同时也看到了大量的、迫切需要我们引导的家长。在与不同家长交流过程中，我深深感受到家长对当下学校教育的期待和不解，以及希望助力学校教育，但不又懂如何沟通的现实状况。在一次次与家长的交流中，我给家长支招献策，一一落实家长的诉求，使得家校沟通取得了一定成效。但是当我反思我的努力方向时，突然发现了现有工作的一个盲区，即沟通应当是双向的，我用一场场“存理解，知边界”的座谈，告诉家长如何配合、理解学校工作的同时，还应当对教师如何与家长沟通做些文章。本周我对此问题进行了思考，并与各位班主任开展了一次沟通研讨会。

一、了解“问题家长”的主要特征及形成原因

在管理中很多教师有这样的共识，即“‘问题家长’比问题学生还让人糟心”。这些教师心中的“问题家长”的主要特征有：对孩子作业、成绩不管不问；事情从来干不利索，需要反复单独提醒；对班级事务说三道四；从不参与班级活动却总是乱评价……

问题的特征很清晰，但问题的成因除了家长认识层面存在问题外，我们教师的引导是否也有不到位的地方呢？教师反思后，比较认同的原因有这样几点：（1）不懂沟通，缺乏沟通技巧；（2）缺乏同理心，沟通还没开始内心先起了厌恶，导致沟通低效；（3）情怀不够，与家长沟通时，放弃得有点早，导致失去了争取到教育同盟的可能。

二、转变“问题家长”的基本思想和实践路径

要想获得家长对教育的支持，我们必须树立对待家长的正确观念。第一，要认识到学生家长并不等同于学生，我们可以指导他们但是不应该批评他们。第二，面对“问题家长”应当主动出击而非避而不谈，回避只会让问题越积越深。第三，要对家长进行研究，区别对待不同特征的“问题家长”。第四，要做到毫无偏见，不能因为家长的问题而责难学生。第五，要学会植入价值观，包括对家长进行儿童成长观念、道德观念、思维品质等的植入。

操作时，我认为可以从这样几个方面着手：

一是跨界学习、转益多师。一些教师在与家长交流时，往往会习惯性地掌握话语权，一味地语言输出，缺少理解对方的思考。我们可以向不同行业的精英学习，与各行各业的不同家长顺利交流，取得共识、赢得理解。

二是同伴互助、分享经验。在面对形形色色的“问题家长”时，我们一时间可能会不知所措。这时，教师同伴之间的互助会变得尤为重要。教师之间应当形成分享机制，寻求更好的解决办法。

三是锁定路径、改善关系。当发现班级里出现了“问题家长”，我们应当依据“问题家长”的特点，及时采取措施，避免问题扩大化。可以采取“学、看、评、讲、治”五步法，将他们拉入家校共建的团队中。具体来说，就是让他们学习身边的榜样家长，看到教师对学生的爱，参与对学生的评价，讲讲自己的家庭教育观念，加入家委会实现共同治理。

四是精准定位、各个击破。现实中“问题家长”可以分为这样几种：知识型家长，我们可以和他们经常沟通，争取结成联盟；溺爱型家长，我们需要肯定其孩子的优点，侧面反映问题，避免正面冲突；后进生家长，我们要保护他们的信心，适当降低要求；找碴儿型家长，我们需要微笑以待，严格控制自己的情绪，减少讥讽，做到以理服人，展现自己的专业水准；放任型家长，我们需要和他们耐心沟通，激发其爱心，确保他们不“退场”。

五是转移焦点、价值植入。在与“问题家长”交流时，我们应在理解和尊重的前提下，允许认识上的差异，避其锋芒，采取分享心得、案例的方式，赢得共识。可以从习惯、态度、意志等方面入手，纠正家长在儿童身体、心理、道德观念、思维品质等方面的认识误区。

三、用好“助手家长”的基本态度和创新举措

只有越来越多的家长聚拢到我们身边，成为我们的助手，家校共育才会产生共振的效果。用好“助手家长”需要我们教师调整自己的态度、历练自己的能力。一是要学习管理学知识，其中最重要的就是组织管理、沟通管理、矛盾管理及自我管理。二是要学习表达的艺术，包括谈判的艺术、身体语言的艺术等。三是要学习管控分歧与危机，营造良好班风。四是要提升法律意识，学习和掌握基本的法律规范，正确处理纠纷。

在实践中，我们可以采取一些创新举措实现有效合作，如组织积极向上的家长团队，实现对班级事务的共管共治。此外，还可以动用校级评价激励家长，如依据家长参与学校活动的情况开展“星级家长”评选活动，让家长和学生走上领奖台。

总之，要想获得家长对学校教育的有效支持，单独建设家长学校是不够的，只有将沟通联系的双方都打通，让家长知道如何配合、让教师知道如何管理才会实现家校有效合作。

2019 年 12 月

从知识输入到智慧输出

——对教育专业写作的思考

当下教师的各种评优评先都离不开教学成果，而目前对教学成果的考量手段之一就是看是否有文章发表。一线教师虽然普遍熟悉教学实践，但是对于如何将教学实践成果转化为可以发表的文章，总是感觉有些力不从心。这学期我专门组织学校课题负责人就教育专业写作进行了研讨。现将我对此问题的理解总结如下：

一、教师可以写哪些主题

我认为教师的智慧输出主要可以分为两大类，一是对自己实践的经验总结，二是对教育实验的理论凝练。

（1）经验总结类。写此类文章时，教师可以用自己特有的视角去提炼问题（发现了什么问题）、剖析原因（面对问题怎么想的）、描述解决过程（破解问题如何做）、反思最后的结果（成败及归因）。这种经验总结要想发表，必须有一个“好的问题”，所谓“好”就是要新颖且有代表性。

（2）理论凝练类。写此类文章时，教师要遵循一定的学术规范，界定好自己的问题，把教学实验的过程介绍清楚，将教学改革的结果和结论表达清晰，最终梳理出教育发现（如规律、模式、框架、方法、策略等）。这类学术写作要想发表，一定要符合逻辑、有所提炼，避免写成对做法的简单描述。

二、如何梳理自己的成果为写作准备素材

教学成果和教学工作总结不同，要展现出一定的思考和研究，最好说明在实践中检验的方法及其成效。我们在工作中可以从积累教学设计、教学案例、教学策略、教学模式、工作方案、评价工具、教学资源等入手，结合自己在阅读书籍、寻标名校时获得的灵感，将自己正在做的事

情慢慢梳理清楚，随后思考对教育教学现状产生影响的某一两个因素可能是什么，进而找出可能的破解方案以及手头可匹配的资源，最后进行大胆实践，为我们写作现实问题的综合解决方案或对某一问题的专业分析和解释积累素材。

三、如何写得有理有据

对于常年不写作的人来说，一旦要写作就会感觉“老虎咬刺猬——无从下口”“哑巴讲理——说不清楚”。我认为这其中最大的问题就是积累不足。积累不足往往导致我们从身边的经验中解读不出“意义”和“价值”，也使得我们的“理论”没有代表性和说服力。在没有理论积累的情况下写出的东西往往会让专家觉得漏洞百出、让同行不屑一顾。

想要有理有据地把自己的思路讲清楚，我们必须保持对教育相关领域的理论学习，形成自己的基本见解，甚至要进行跨领域阅读，拓宽自己的认知范围。此外，保持一定的学术文献阅读习惯，有助于我们形成规范的表述能力。

四、教育专业写作从哪里开始

（1）从内心的改变开始。不能把写作当成“华而不实”的事情，要从会上课、能交流最终走向会传播、能引领。

（2）从每天的积累开始。找到自己每天专门写作的时间，哪怕只有一个小时。随身携带一张小纸片（我使用书签），以便随时记下自己的思考和感受，将零碎的收获积累起来。

（3）从问题的意识开始。要敢于对身边已经习以为常的教育现象提出问题。改变这些问题的最初想法，往往就是我们写作的起点。

（4）从明确的方向开始。一线教师的写作方向包括经验总结、教学设计（评析）、教育叙事（反思）、研究报告等。我们可以结合自己的特长确定写作方向，加强研究，形成自己的写作风格。

综上所述，教育专业写作是一线教师专业成长绕不开的问题，只有扎实地进行理论学习和日常积累，才能在工作中有所收获。

2020年1月

写给线上授课的教师

在这个加长版的寒假里，基础教育的教师挑起了线上教学的重担。我也是一名亲历者，下面与大家分享一点儿体会。

一、教学从线下到线上有什么变化

1. 从“有监督学习场景”变为“自学场景”

不妨大胆假设一下，在没有任何监督的工作环境中，当我们拿起手机，准备读读书或干点正事的时候，时间往往会被抖音、电视剧、八卦新闻、游戏等所吞噬。成人尚且如此，更何况义务教育阶段的孩子？

2. 从“全班实时交互”变成“事后交互或部分交互”

传统课堂上教师可以通过点名、提问、眼神、语气、练习反馈等手段实时与学生进行交互，整节课是在互动中进行的。而进入线上教学后，授课过程被单边预设好，甚至以往留给学生消化吸收的时间也被压缩了。没了师生互动、生生互动，我们从何处获得学生的动态学情？我们辛苦录制的微课，学生掌握得怎么样呢？

3. 教学管理方式从“教师+学生干部”变为“教师+家长”

原来常规的作业收交、批阅、订正等有教师和学生干部提醒、督促，家长的助学方式往往是检查作业完成情况。常规教学转到线上后，家长往往从线上学习的第一步“选课（找资源）”便参与其中，部分家长甚至经历了学习全过程。教师对教学的管理不得不从“管理学生、指导学生干部”转变为“管学生、管家长”。因此，教学管理必然涉及如何获得家长的支持与配合。

二、如何平稳地过渡

1.无监督或较弱监督下的学习干预

首先，把学习任务清单做细。当前，一些公办学校线上教学的技术手段和师资力量暂时稀缺，教师必须提前拆分好学习任务，把原本整节课的任务尽量细化处理，避免出现过长的视频，尽可能将线上学习、练习、自学的内容分段呈现，以便于学生学习。其次，改变不同学习形式的比例。线上教学应减少纯讲授式的时间，适当增加案例学习的时间，让学生在学习中少听多思，避免出现“人在线，心离线”的情况。

2.弱交互环境下的学习设计

教师可以选择视频会议平台，确保随时掌握每个学生的学习状态，随时检查、督导。在开视频直播时，可以减少固定资源的录制，强化线上问答；提倡组间互动，促进学生互相监督与鼓励。

三、开展线上教学，教师要提高哪些能力

1.信息技术应用能力

（1）指导学生上网的能力。线上教学的前提是让学生上线，无论是用电脑接入还是用手机接入，教师要能用简单的语言和方法，指导学生在家长外出或者工作的时候能自己上网。

（2）多媒体应用的能力。电脑视频如何处理，直播中电脑音频和麦克风如何切换，摄像头与视频如何转换，微课如何录制等，教师都要熟练掌握。

2.协作能力

（1）资源开发的协作。课程资源的分工制作和在区片内传播，可以极大地减少教师的工作量。

（2）教学的协作。在互联网上，我们可以将原本的授课班级彻底分解，让同一年级（甚至是跨年级）学力相近的学生组成学习小队，开展不同进度的学习。直播或者录课可以由同年级中教学能力较强的教师完成，其他同科教师则将精力用于分层辅导和答疑。

3. 指导学生自学的能力

学生能力的差异化在线上教学中将会更加凸显，因此，教师必须应对不同学习进度并存的教学状态，提升指导学生自学的能力。

综上所述，传统有计划的备课、上课、“面批面改”的学习方式，不能完全适应线上教学。生搬硬套地将线下教学经验向线上转移，必然会导致教师工作量增加但效果不佳的情况。开展线上教学，不仅要录制课程资源，而且要进行过程检测和课后习题评估，准确了解学生的学习状态。

2020 年 3 月

基层工作如何抓落实

——参加沧口街道永定路社区疫情防控工作有感

根据区委组织部的安排，我积极响应区教体局的疫情防控志愿者征集号召，作为首批下沉社区的志愿者，参与并完成了17天光荣而紧张的疫情防控执勤任务。17天来，我每天都和社区工作者、社区志愿者、公益性岗位人员等基层最朴实的人员并肩作战，做的都是问询、测温、登记等芝麻小事，但他们对待小事的态度和落实工作的标准给了我深刻的启示。现将我的认识总结如下：

一、基层工作抓落实的意义

为政之要，重在实干；实干之要，重在落实。在全国疫情防控的大背景下，我作为社区志愿者和一名普通教师，做不了惊天动地的大事，唯一能做的就是把社区人员排查和学生动态摸排这些小事做好。原本我认为社区人员排查的事情很小，小到似乎微不足道，但是当我看到在无数个社区构建起的防护网下，国内疫情迅速得到控制，我才对自己正在执行的这件事情有了新的认识。我们每一名下沉社区的党员和教师，把身边的小事做实了，就是对全国疫情防控工作的最大支持。大事得以实现，正是由无数个小事的落实构成的。

反思我们平时的教育教学工作，落实的意义同样重要。一方面，我们不能认为小事就可以降低标准、放慢节奏；另一方面，我们要清楚，落实不仅是党员干部自己做好了，而且要帮助自己分管领域内那些拖拉、懒散的人一同做好。

二、基层工作抓落实的基本策略

在社区疫情防控过程中，我们做的虽然只是排查来往人员和车辆的小事，但叠加上天气寒冷、人员证件不齐等各种复杂情况之后，简单的小事变得充满了挑战。在我们平常的教育教学工作中，抓落实何尝不是一样需要动一番脑筋呢？

1.抓落实需要勇于担当的精神

要将“一分部署，九分落实”的做法牢记于心。要做到真抓实干、一抓到底，必须强化责任担当，树立起“我就是学校分管领域当家人”的态度。要想扎实地完成工作，学校干部团队中的每一个人在分管领域必须冲在落实一线，不等不靠。当然，工作落实中难免会遇到各种困难和问题，在困难和问题面前我们要深入思考原因，找出与同类工作人员的差距，勇于尝试，敢于解决。

2.抓落实需要“认死理”的劲头

这里所说的“认死理”，不是教条，而是一种态度，即坚持原则、严格要求。我们作为基层干部，如果把标准放松一寸，其他人就可能会放松一尺，甚至一丈。同时，“认死理”还要不存侥幸心理。抓工作落实没有捷径，唯有一件件、逐个人地落实，才能让工作落地生根，见到成效。

3.抓落实需要智慧保驾护航

要对不落实的人、难落实的事做到心中有数，要在这些人、事上着重下工夫，做好示范。很多事情，特别是我们自己都觉得落实起来有困难的事情，更要反复抓、抓反复。死死盯住落实过程中最易遗漏的地方，拿出“啃骨头”的韧劲和“钉钉子”的钻劲一抓到底。

4.抓落实需要一定的技巧

（1）掌握任务目标的呈现技巧。在传达上级文件精神时，我们有时候不得不采取“扫盲式讲解”，权当教师什么都不知道，尽可能细致讲解任务的操作要点。要将文件精神概括提炼为教师不会混淆或含糊处理的、只有唯一解读可能的观点，最好还能与往年同类文件做对比。能力强的干部甚至可以有更高的站位，将文件中的突发任务与教师的常规工作整合在一起，让教师事半功倍，节省时间，提升其完成任务的效能感。

（2）落实对任务链条的整体把控。一项任务从发出命令到任务完成，有时战线会拖得很长。所以我们必须对任务进行设计，特别是周期长、难度大的复杂任务，必须让参与教师从“时间节点前突击搞一下”的状态中脱离出来，进入一种任务浸润的状态之中。具体来说，就是要在落实任务期间进行一次布置、多次提醒。例如，对于复杂任务可以提前通知，让相关人员做好心理准备，然后发布工作预告，在预告中说明需要做的准备，接着梳理任务难点并提出建议，最大程度地消除理解障碍。有必要的话还可以剖析工作中的案例，帮助教师梳理经验，以便提高执行效率。在工作落实的后半程，可以对任务的完成进度进行适当的跟踪和反馈，表扬领先的人，鼓励或帮助落后的人。有时候甚至可以采取前置评价，提前表扬对执行标准理解到位的人，用表扬来激励其顺利完成任务。

（3）做好与执行者的沟通。当面对有执行难度的任务时，一是要和执行者仔细分析任务背景，形成统一的观点；二是要对任务内容进行概括，让执行者知道，本项任务的必做事项有哪些，做到什么程度算合格；三是要对任务的完成技巧和阶段成果进行提炼，及时总结执行者的任务实操经验，形成专属的经验库和反思机制，让实操经验在教师之间快速传播和共享。

（4）正确处理教师的反馈。对于任务落实中的偏差，我们需要格外关注，特别是出现无效甚至负效的结果时，必须及时指导。对于教师的反馈，我们必须及时解决，帮助他们找到克服问题、提振情绪的办法。否则，任由教师带着问题和情绪干下去，事情难以落实。

总之，在基层抓落实面对的也许都是小事，但是小事并不意味着容易抓。学校的干部团队必须构建起互相提醒、互相帮助的工作氛围，才有可能将每一件小事抓实抓好。

2020 年 3 月

线上教学进入“疲沓期”的应对方案

本月教育部高等学校教育技术专业教学指导分委员会主办了一期名为“同心抗疫助教学　教育技术网上行”的线上专家报告会。这是疫情以来线上教学开展后，教育技术领域较为权威的一次集体发声。报告会主要围绕线上教学的解决方案及其理论依据展开讨论，我听后受益匪浅。如果说疫情开始时的线上教学是义务教育阶段师生线上教学的“懵懂期”，那么现阶段线上教学的情况表明，我们的“空中课堂”已经进入了“疲沓期”。现将我的思考总结如下：

一、线上教学进入“疲沓期”的具体表现

时至今日，线上教学已普遍开展，伴随着线上教学新鲜感的消退，持续保有较好学习状态的孩子比例逐渐变少。特别是当家长复工复产后，独自在家学习的孩子彻底进入“弱监管”或“无监管”状态，线上学习质量和家庭作业完成质量有所降低。具体表现为：作业完成率降低，催交困难；家长上班管不了，回家后孩子作业补不过来；直播课堂，连线无人应答；线上检测，成绩惨淡。

二、线上教学进入“疲沓期”的原因分析

（1）传统的时间管理方式彻底失效。传统课堂上，只要一打铃，不管学生愿不愿意都要坐回教室开始上课。但是“转战”线上后，无论是电子铃声召唤还是家长人工叫醒，总是有人不在线。因此经常出现教师打电话找人上线学习的局面。

（2）传统的状态管理方式大多失效。传统课堂上一旦学生走神，教师可以立马发现并纠正其行为。可线上教学时，教师可能会因为像素不足看不清楚，或者连线学生，学生不接等原因导致管理乏术。

（3）传统的作业管理部分失效。传统教学中遇到不完成作业的学生，教师可以采取多种方法督促。但是线上教学中，教师传统的督促方法无法执行到位。

（4）传统的评价方式效果降低。传统教学中的精神奖励、物质奖励等手段，在线上教学中受物理空间的阻隔，变成了“空中楼阁”或只能延迟兑现，成效大大降低。

三、教师度过线上教学“疲沓期”的有效方法

（1）改变教学思维方式。线上教学前期，我们重点研究基于互联网的教学工具和学习资源的使用。教师相互学习之后，掌握了教学工具和学习资源。但是随着时间的推移，我们反而清楚地看到，真正困扰线上教学的并不是工具和资源，中小学教师开展线上教学最大的障碍在于思维方式的转变。有专家指出，互联网思维由用户思维、简约思维、极致思维、迭代思维、流量思维、社会化思维、大数据思维、平台思维和跨界思维组成。暂且先不管这些思维方式的具体作用是什么，我们需要了解的是一旦进入网络空间，“我让你学，你不得不学”的思维方式可能已经不再适用。要想把课上下去，教师要考虑如何抓住学生的注意力，唤起家长参与等问题。

（2）改变教学形式。线上教学后期，师生已经熟悉并适应这种教学方式。我们要冷静接纳线上学习的“松散”和“断续”状态。对班级的管理方式可以弱化，同级部任课教师可以分角色扮演不同的教学者（主教或助教），这样可以最大化地发挥教师的长处。我们要清楚一点，线上教学拼的不是教师个体的力量，而是学科团队教师的综合实力。线上教学后期，“齐步走”的教学方式已然不可能。因此如何引发不同学习能力的学生开展“异步走”的自觉学习，是我们必须攻克的问题。从教育技术和学习科学的视角来看，教师可以设计一些能够引发学习的活动，多提开放问题，采取任务驱动，组织项目学习，当学生讨论起来、思考起来的时候，其实学习已经发生了。

概而言之，要想线上教学取得实效，我们必须弱化自己对线下教学

经验的过度依赖，处理好经验思维与互联网思维的关系，对学生的数字化学习行为进行数据分析，找出数据背后的问题，对症处理。同时，将学情细化到知识点，并追踪知识点的达成度，做好个体化的描述和评价，采取“一生一策”的策略，不求“齐步走”但求不放弃。

2020 年 4 月

学校教育数据的分类与应用

长期以来，一线学校积累了海量的教育数据。如何从数据中获取有价值的信息，让我们今后的工作有“据”可依，成为学校管理者面临的一个全新问题。现将我的思考总结如下：

一、教育数据的分类

按照数据的功能来分，教育数据可以分解为四大类：一是基础类数据，这类数据掌握在教育主管部门手中，主要为学生信息、教师信息等，这类数据的功能相对单一，主要作为信息识别的依据；二是状态类数据，这类数据依托于基础类数据而存在，标识了基础类数据中具体个体的存在状态，如学生的学情、教师的教学能力等，这类数据我们涉及较少；三是资源类数据，这类数据我们在教学中接触比较多，如课程视频、课件、教学软件等，它们的质量往往参差不齐，存在大量重复数据和低效数据；四是行为类数据，这类数据是对线上或线下个体教学行为的数字化描述，有很大的挖掘空间。

二、与教学关系密切的教育数据

在一线教学中，教师最关注的往往是与教学关系最为密切的数据，包括：

（1）学力数据。这是教师最熟悉的数据，如考试成绩、小题得分等，体现了学生的学习能力或学习能力的变化趋势。

（2）学习行为数据。主要包括学习时长、参与讨论的频次、学习任务的完成情况等。如果再进一步，还包括努力程度等。

（3）知识地图数据。我们可以通过分析学生对不同题目的完成情况，获得学生的概念掌握情况、能力达成程度等。

三、教育数据的价值

数据是死的，但是可以通过解读而鲜活起来。教育数据的价值体现在以下几个方面：

（1）学困干预。我们可以针对学生学习行为数据中表现出的胡乱答题、总是不会、反复出错、知错不改、边玩边学等学困情况，提前进行学习干预。

（2）教学干预。针对教育数据中学习行为、学力结构出现群体性偏差班级的教师进行专业干预，避免教师因教学能力欠缺或教学经验不足造成大规模损失。

（3）绘制学习模型。学生的学习过程本身就是一个“黑箱”，教师很难获得其内部的学习机制，但是我们可以通过学生的努力程度、学习经历、学习结果等数据，找到适合学生的学习路径，绘制出个性化的学习模型。

四、教育数据的应用困境

当前大数据很“热”，但数据在基础教育领域的应用却很“冷”。这种“冷热不均”存在的主要原因有两个：一是教育管理者的经验思维与数据思维存在冲突。二是缺少有经验的数据挖掘者。教育数据要想发挥作用，我们读数据的人需要积累教育理论、基层教学管理经验、数据统计技能、心理测量知识、信息隐私保护能力等。

综上所述，教育数据很丰富，要让数据发挥作用的路径也很多，但是最关键的是挖掘数据的人，让我们一同努力建构数据思维吧！

2020 年 7 月

副校长的责任担当与领导艺术

在学校支部扩大会议上我学习了《警惕新歪风："媚下"》一文，并利用工作之余认真学习了《周恩来：永远的榜样》一书，学后我心里久久不能平静。回想起中学时读过周恩来的传记，那时仅仅读出了"榜样的力量"这一层感受。在工作十多年后的今天，特别是当自己成为一名基层学校的副校级干部之后，再读这本书，我读出了责任担当与领导艺术。

一、校长负责制下的副校长该如何担当

正确的意见常常是要经过许多等待、迂回才能为大家所接受，这中间有许多艰苦、细致的工作要灵活地处理。副校长在日常工作中的境遇何尝不是如此，当上级的正确要求、学校的发展步调触及部分"思想保守"教师的利益或者习惯时，中层干部有时会选择回避或者将困难"上交"，但副校长不能退不能躲，因为我们捍卫的是群众的利益和组织的原则与权威。

（1）咬定青山不放松。当面对"问题人物"、典型事件时，副校长绝不能给人以优柔寡断、出尔反尔的印象，更不能以"和事佬"的姿态置身事外。只有迎难而上，展示出敢于斗争、敢于批评的姿态，才能赢得群众的认可和迂回的空间。

（2）立根原在破岩中。副校长是学校制度的制定者和参与者。当一项制度出台后，我们必须带头遵守，以上率下。对于破坏制度的人，绝对不能姑息，否则将会严重损害组织的公信力。

二、副校长如何开展分管工作

（1）迂回反复，锲而不舍。很多情况下，正确的道理也会有人不理

解、不执行、不配合。面对这些人，我们不能简单地把他们排除在外。基层工作需要群策群力，我们要迂回反复、锲而不舍地做他们的工作，和他们讲政策、讲影响、讲后果。

（2）请示汇报，让分管领域始终在学校主要领导的意见指导下运行。只有赢得学校主要领导的信任，才能不断取得工作上的进展和源源不断的支持。

（3）熟读精思，为学校主要领导的理念增添生命力和执行力。学校主要领导往往掌握着最全面的信息。当他们推行新理念、新做法时，副校长要用自己的智慧率先领悟和学习并探索具体的实践策略，研究如何用“旧思想”理解新理念、新做法，为学校主要领导的理念增添生命力和执行力。

（4）关心群众，成为群众的“服务员”。副校长既要管理和领导群众，更要关心和服务群众。特别是关心他们在执行上级要求时遇到的困难，在制度之内、友情之上予以帮助。在帮助之余，还要注重情感的关注，尊重群众提出的意见，特别是学校里从事基础工作的人，要从内心尊重不同的意见（包括少数人的意见），主动发现群众的长处，发挥每个人的才智，在服务与倾听的同时，提升服务对象的奉献精神。

（5）同侪共计，做好干部间的团结工作。当学校的副校长不止一个时，分工和分配难免会出现不均衡，我们必须始终顾全大局、维护团结统一，不人云亦云，不背后评论他人分管的工作。

（6）学会宽容，对中层干部要尽心指导。没有人生来就会管理，也没有人会因为一纸任命书就增添了管理的本领。面对中层干部的工作失误或优柔寡断、不敢担当，我们要给予更多的指导和宽容，既讲方法也讲道理，既推心置腹也严格要求，只有这样才能让中层干部成为有力的帮手。

一言以蔽之，身为副校长，只有“有所恨，有所怒，有所爱，有所为”才能对得起组织的信任和培养。在工作中，要求真务实，顾全大局，统筹协调，遵循规律，依靠群众，不断学习，善于反思。

2018 年 5 月

教育管理该从企业管理中学什么

上个月在局领导的倡导下，朋友圈里掀起了转发和学习华为副总徐家骏给任正非的辞职信的热潮。通读全文后，我深刻地感受到职业经理人所特有的正能量气场。在受到感染之余，我不禁想，网络上有众多成功经理人的自传和励志文章，我们该如何消化吸收其中的养分？教育管理和企业管理的差异又在哪里？现将我的学习体会总结如下。

一、学习如何品牌化经营学校的管理理念

与企业管理相比，我认为教育管理中较薄弱的一环是品牌意识。教育管理框架和管理风格往往很相似，一些学校很难说出自己的管理特色是什么，甚至不少学校从未考虑过这一问题，只是在传承原先的管理模式。关于如何借鉴企业品牌打造的经验，我想或许可以从以下四个方面入手：

（1）让学校的管理理念出现在多个平台。学校的管理理念应当全方位渗透到教师业务中，慢慢浸入教师的日常生活，成为教师的习惯。

（2）用差异化的管理行为塑造学校管理品牌。我们往往习惯于用一套制度、一种规则去完成日常管理，甚至将“精细化”作为管理制度制定的标准。然而再具体的管理制度和管理行为，也不可能覆盖全部被管理事宜，因此要在制度框架下采取差异化管理。

（3）让学校管理品牌烙上互动属性。与企业管理相比，教育管理相对缺少互动性。正如文中所说的，“有多少管理者做到了不打断别人讲话？不急于下结论给定义？不急于提供解决方案？有多少管理者能够做到自然地引导对方表达？问问对方感受？确认自己明白对方？”缺少信息反馈，只能让管理成为“高仿”，而成就不了“品牌”。

（4）使学校管理品牌具有仪式感。我们在进行学校管理时，往往会忽略管理的流程和策略，以为只要方向正确就可以实施管理，其实方向

正确并不意味着效果优良。如果在教育管理中注重一下仪式感，更多地考虑一下被管理对象的感受，或许能消除一些矛盾。

二、学习如何迎接变化的世界

探索欲使人的思维得以拓宽，但我们大多习惯“尊重教育的规律”，遵循“静待花开的节奏”，很多时候内心是排斥变化的，甚至一听到“变化”，就本能地采取抵制措施，甚至反感倡导变化的人，而现实世界却在实实在在地不停变化。如何让教育适应变化的世界？我认为可以从企业管理中学习这样两点：

（1）技术革命。企业必须真正解决两个问题：一是解决效率问题，二是解决人浮于事和虚假忙碌的问题。技术革命直接面对的就是效率，大数据分析直接面对的就是真实的世界。教体局采取技术手段来促进教育干部反思和总结（每日一事、每周一悟），我认为正是对技术革命在管理中应用的一种响应。

（2）管理组织。在企业中人们更多地关注创意和发展，我认为学校的管理组织也应当不断设计角色，帮助更多的教师成长起来，打造为自己的职业成就感而努力的新教师形象。

三、学习如何锻造自己的软技能

各级教育主管部门和教师个人在过去的几十年里一直狠抓职业硬技能，如教学能力、班级管理能力、教育科研能力等。在企业管理中，对人的打造除看重硬技能之外，还看重软技能，如有创造力的思维方式、积极应对挑战的工作心态、融入群体智慧的“大头脑”等。我认为学校管理干部最重要的软技能有三点：

（1）自我纠错的能力。少数学校干部存在自己“永远正确”的心理，缺少自我纠错的能力，而这种能力的缺失破坏力较大。

（2）摆脱思维舒适区的能力。少数学校干部总是习惯性地认可某些人、某种方式或某项工作，甚至在调研中，只接受能证明自己行动正确的数据，回避其他数据和真实的结果，总是在自己的思维舒适区里建构自己的理论，这样会导致教育实践行为的“近亲繁殖”。

（3）全景视野的能力。比尔·盖茨曾说，人们总是高估未来两年的变化，低估未来十年的变革。企业极其重视全景视野、长效视野、抗阻视野、团队视野。有些教师习惯于“一亩三分地”的视野，甚至有人说，初中教师的视野约等于初中生的视野，小学教师的视野约等于小学生的视野。看似玩笑的一句话，却点出了我们教育人急需扩展全景视野能力。

四、学习如何构建全新的关系思维

在传统的学校管理中，学校领导只要把握住命令执行、信息控制、资源关系等就可以很好地管理一所学校。但是在社会对教育不断冲击、互联网技术快速发展、物质生活极大丰富的今天，我们不得不构建全新的关系思维。

（1）快速升级头脑中的三个层次关系。从人人为我到人人平等，再到教师的需求就是干部的需求，真的这样做了，我们就会发现思想工作没有多难做。

（2）将教师个人目标与学校目标的交集最大化。原先教师个人服从学校时，学校效率最高，教师个人因学校发展而同步发展。今天，教师个人的发展需求越来越多元，学校很难兼顾多层次的个体发展，因此将学校目标与教师个人目标变成共生的关系，才能凝聚人心。

（3）对教师形成全面认识，如老年教师的确定性、年轻教师的不确定性等。

总而言之，教育管理向企业管理取经容易但操作难，需要边探索边实践。

2018 年 10 月

管理是一场心灵与智慧的修行

前阵子听到这样一个段子：很多单位的领导都不喝茶水了，因为茶水解药性，大家都在吃降压药。一笑过后，我不禁反思，是什么原因让高血压找上管理者？问医生如何预防高血压，答案无非是早睡早起、少油少盐、适量运动、缓解压力。前三项措施自己能够调控，可第四项“缓解压力”似乎成了管理者逃不过的“劫”。特别是学校的副校长，他们承担着上传下达、抓落实、解矛盾的关键任务，为了办成事经常会受委屈、撑肚量，压力自然找上身。如何在工作中调整好心态？我总结了这样几点：

一、调理内心的声音

作为副校长，当外部环境很难改变时，我们必须学会调理内心的声音，使内心和谐。

（1）要相信绝大多数人是自觉的，不要试图掌控全部人和事。

（2）试着放下工作中一定要分出是非、高低的执念，享受美好生活。

（3）不要试图将自己的理解强加于人，并一直认为自己是正确的，要尝试接受别人不同的理解和思考方式。

二、拒绝非分的要求

副校长除了负责日常工作外，还有一项重要的业务就是处理教师的各种诉求。但教师的诉求繁多，有些是合理的，有些却是非分的要求。前者理应正确对待，但对于后者如果没有合理的处理策略，往往会被指责“态度不好”等。结合近年来处理各种非分要求的经验教训，我总结了如下策略：

（1）先倾听再说“不”。在工作中不能不允许别人提出非分要求，我们要拿出耐心听完对方的要求，再替对方寻求替代方案。

（2）温和坚定地说“不”。有些非分要求突破了学校现有的制度，我们一定不能犹豫或推诿，必须坚定地说“不”，拒绝的时候对事不对人，语气要温和，态度要坚定。

（3）诱导对方说“不”。在遇到对方的非分要求有明显漏洞或破绽时，我们可以不急着直接点破，在听的过程中，“不经意”地了解要求产生的根源，通过询问和引导，让其自悟，从而瓦解非分要求。

三、领悟领导的要义

一位职业经理人在反思中说道：如果企业管理行为过多，而领导行为过少，就会造成上下级的关系很紧张，使工作推进受阻；反之，如果领导行为过多，而管理行为过少，领导者就可以用个人魅力和组织关系去管理团队。

想要管得轻松，作为学校的副校长，我们必须协调好“管理”与“领导”之间的关系，一方面建立分管领域的秩序，减少无关的干扰和无效的请示，另一方面尽早尽快制定相关制度，而非用个人好恶或临时决断来处理问题。

四、掌握减压的方法

（1）创造分享交流的机会。例如，在学校全体会议上，副校长可以讲述自己处理某项工作的原则和上级的评价标准，让教师清楚地知道应该怎么做，以及学校倡导什么、反对什么，从而减少教师做无用功，也让管理者与被管理者的工作成为一体，这样来自教师层面的压力就相应减小了。

（2）制造科学授权的可能。作为副校长，我们可能会纠结于如何授权及授权后的办事成效。其实在工作中，耳提面命的做法和给一定自由度的做法，结果往往会有一定的差别。因为在前者的思路下，执行者往往放弃了自主思考；而在后者的思路下，执行者则会多一些责任感。其实授权并不意味着放弃管理，授权以后的过程提醒、必要监督、中期检查、困难协助、事后总结往往是科学授权所必需的环节。只有在授权中不断培养人，来自工作层面的压力才会逐渐减小。

（3）寻求上下一致的需求。绝大多数人都想在工作中成就事业、展示才华，其实只要给教师不断创造发展的机会，因人而异地创设一些岗位，让他们发挥自己的才能、成就自己的事业，在推动教师的发展中实现学校的同步发展，必然会减小教师诉求带来的压力。

（4）研究主管部门的评价标准。我们在工作中会习惯性地沿用以前的做法，殊不知上级主管部门的评价标准是在变化的。因此，副校长必须研究上级督导考核中自己分管领域的评价标准，让学校的常规工作和主管部门的要求一致，这样一来来自上层的压力也会减小。

总之，减压是为了更好地生活，希望副校长血压正常的继续保持，血压高的早日告别降压药，为祖国健康工作50年。

2018年10月

如何带领一支教研团队前行

——对校级工作室发展的思考

根据《关于公布李沧区校级名师工作室主持人名单的通知》（青李教体办字〔2018〕53号）文件的要求，140余位有理想和追求、有教育情怀、有学术主张的教师，在教体局领导和培训科的鼓励下，组建起一支支教研团队。在没有预设路径和环境支撑的情况下，这批团队该如何前行？他们能否闯出校级名师的成长之路？三年的发展期内除了情怀和信念，还需要什么为成员的发展保驾护航？现将我对以上问题的思考梳理如下：

一、从独行思快到众行至远

我认为，当工作室的主持人打出自己的招牌“招兵买马”的时候，必须思考这样三个问题：一是凭借什么成立工作室？（何时能“独行”）二是别人跟你干有奔头吗？（何处寻“芳草”）三是选什么人一起干事？（何人伴同行）

1.何时能“独行”

当一个新手教师逐步成长为一名成熟教师时，他对自己所持的教学理论必然有所思考，在思考和基于思考的长期实践后，必然产生对传统理念和做法的新认识。这时候想要“独行”的思想萌芽在很多人心中产生，但是有的人开始“摩拳擦掌”，有的人却“泯然众人”，为什么只有部分人将想法转变为行动了呢？在我看来其中的必要条件就是，教师要在专业成长的过程中形成了自己的教育主张并践行验证。当一名教师有了自己的教育主张，甚至有了自己的特色时，我想就到了他可以“独行”的时机。

2.何处寻“芳草”

一些教师能否组织起来成为团队，很重要的一点就是看他们是否有一致的观念。一致的观念是团队建设的前提，而“到哪里去”则体现了领头人的智慧。教育应往哪里走才能寻得“芳草”？关于这个问题，我想每个学科可能有不同的答案，但是获取这一答案的方法是一致的，那就是从学科学术前沿中寻找灵感，在学科政策前沿中寻找平台，在学科实践前沿中寻找成果。基于相同的观念，共享目标，彼此协作，相互补位，聚焦成果，在集体的互动中，通过完成一个个团体任务，不断提升个体能力，实现集体荣誉和个体成长，进而获得幸福与能量。

3.何人伴同行

（1）近距离同行：区域内同行是近距离旁观者，他们对工作室主持人的境界、想法、风格通常会感受得清晰而真实，因此优先选取区域内同学科的教师参与，可以有效控制活动开展的时间成本，确保思想一致的影响效应。

（2）有潜质同行：如果一个人早早就有了“船到码头车到站”的思想，必然会拒绝发展。工作室的成员要有内在发展动力，有一定实践能力和研究能力。同时，单位支持、家庭包容、身体健康都是必要的潜在考虑因素。

（3）耐压力同行：“木秀于林，风必摧之；堆出于岸，流必湍之。”工作室一旦打出招牌，成员在取得成果之前必然会遇到外部压力，这十分正常。面对各种压力，成员要有足够的毅力和抗压能力才能走到最后。

二、从剖析自我到精准发展

作为团队的领头人，要想确保团队务实、高效、持久地发展，必须兼顾成事与成人，对团队发展方向把控的同时，还要对成员个体给予细致的关心和帮助，实现团队内“一人一品”“强枝独秀”“群芳争艳”的发展局面。

工作室内的教师可以分为：新手教师、成熟教师、教学能手、学科专家四个层次，可以从职业定位、学科理解、教学能力、师生关系、专业发展、教育研究等六个方面设计差异化的发展路径，让处于不同发展阶段的教师，分别经历规范发展期（解决“五会”：会适应、会设计、会上课、会沟通、会学习）、个性发展期（提升“五能”：能进取、能创作、能驾驭、能引领、能研究）、核心发展期（达到“五懂”：懂职业、懂学科、懂课堂、懂学生、懂发展）、品牌建设期（凝练“五享”：享研究、享成果、享成效、享品牌、享人生），实现精准发展。

三、从挂牌成立到稳固发展

在区教体局提出的“宽进严选”“公平公正”的工作室动态评估机制下，工作室的成立只是万里长征的第一步，如何保证工作室健康有序发展，在竞争中胜出，赢得尊重和成长？市教科院孙泓老师通过解读市教育局对工作室发展提出的“6+X”行动计划给我们指明了工作方向，即六个注重（注重根植课堂、注重思想交锋、注重读书交流、注重示范引领、注重教育科研、注重网络辐射）和一个创新（创新工作特色）。

深入理解“6+X”行动计划，我认为，要重点落实以下几点：

（1）帮助团队成员进行学术理论建设。具体表现为系统精读学科领域内的专著和文献，挖掘学科内涵和学科育人价值。

（2）针对团队成员课堂进行反思诊断。建立常态化课堂互动联络机制，形成同侪互助的学习共同体。

（3）开展实证研究，形成团队学术成果。发挥团队成员的集体力量，形成雁阵效应，加速研究推进，缩短学术成果形成周期。

（4）形成品牌特色，推动成果向外辐射。通过实践和反思，借助科学的研究方法，打通教育理论与教学实践之间的道路，在总结成果中形成学科特色品牌，通过与成员单位、辐射单位之间的广泛交流，实现深度融合、聚集发展。

2018年12月

学校如何迎接检查

本月学校代表李沧区中小学迎接了青岛市教育局的期初调研，无论是学校的工作介绍、实地调研、档案建设、迎检态度，还是教师和家长水平，都反映出学校良好的精神风貌。送走专家组后我不禁想，来到沧口学校的几年中我参与和组织了多次迎检工作，从一开始的摸不着头绪，到后来的训练有素，再到现在的驾轻就熟，透过迎检的变化，我感受到学校整体实力的提升。现将我对学校迎接检查的具体思路总结如下：

一、把握迎检成功的几个关键要素

面对突如其来的检查，一些人内心是抵触的。究其原因，我想一是对自己工作不自信，二是对上级要求不清楚，三是不善于营造积极的心理状态。

《心流》一书从积极心理学的视角指导我们去调试个人的心理状态，达到工作、学习或生活的最优体验。如何让迎检成为一种美好的体验？我想分管迎检的干部必须学会带领迎检团队打造集体心流，用明确目标、即时反馈、匹配难度三个原则来拆解迎检的诸多任务，使每一个迎检参与者能在其中产生更多的心流体验。

具体来说，就是需要学校分管领导积极争取资源，让学校相关人员聚焦迎检，将目标与参与者的能力匹配起来。只有所有任务执行者有规律、有秩序地组织起来，才能高效率地完成迎检任务。这时，分管领导要不断进行正面反馈，激励集体前进，迸发集体智慧，将临时任务转化为迎检参与者证明自身能力和水平的机遇。

二、迎检后的整改态度是确保能力提升的关键

在教育系统全国电视电话会议上有位领导说，督导时我们“快准

狠”，各学校落实时“慢松软”。这句话很好地切中了一些人迎检后的心态，他们以为检查过去了，问题改不改无所谓了。但在我看来，一个负责任的集体，一个希望自我革新和突破的学校，必须珍惜每一次检查的机会，让上级的标准成为驱动学校前进的“武器”，借外力调内里。因此，有必要梳理出迎检时的问题清单，逐项限期整改，只有整改结束才能算作一次检查的结束，这是学校保持持续进步的重要途径。

综上所述，只有发挥群体智慧，才能在各种检查中不断提升学校的品牌影响力。

2019年3月

基层学校如何组建自己的智囊团

学校发展的首要问题是人才质量的提升，无论是教育干部还是骨干教师，在教师流动大背景下，“用脚投票”已经成了督导考核之外，一所学校核心竞争力的具体表现。如何让学校成为人才净流入的场所，持续发挥现有人才的聚集优势，是我们基层学校干部不得不面对的问题。现将我对学校“智库”的组织与利用的相关思考总结如下：

一、学校的发展为什么需要构建“智库”

当前，学校承担的社会责任越来越大，各级教育主管部门和上级行政部门对学校的管理越来越细，加之居民文化层次提高，对教育的期望和关注度日益提升，使得学校不断面对新问题和新挑战。原先依靠经验型校长的学校管理模式已经呈现“疲态”，金字塔式的管理组织架构已经被快速增加的待办事项所淹没，已经不是几个校级领导或中层干部所能应付得了的，需要激活更多的教育人才共同参与学校治理，形成熟悉校情的专属“智库”才能彻底解决忙乱。

二、学校“智库”的特征

在学校内外环境急剧变化的背景下，学校“智库”的构建应当思考两个方面的问题：一是组织构成，二是功能内涵。

先说“智库”的组织构成。在我看来，一所学校要想政令畅通、推进改革，需要三种人，一是作为指挥员的干部，二是作为排头兵的骨干教师，三是解读政策的宣传员。因此，学校的“智库”首先要吸收擅长研究教育政策的人，这里所说的“教育政策”既包括上级的大政方针，又包括符合校情的规章制度。他们负责解读学校的管理内涵。同时，“智库”还要尽可能包罗教育专业领域之外的人，特别是媒体、市场、学术等领域的人才，他们负责融通学校发展所需要的各种社会力量和资源。当然，“智库”还应当包含具备冷静思考能力的评估者。学校管理者总是希望自己的管理行为都是正确的，喜欢听表扬的声音，但是一所学校的发展最离不开的恰恰是批评的声音。让批评的声音通过合适的渠道发出，并去伪存真地筛选出供领导参考的有价值的观点，是评估者的重要能力。

再说“智库”的功能内涵。我想，学校“智库”的首要功能是提供多元化的解决方案。在决策执行过程中，作为决策者的学校领导视野往往聚焦在最核心的问题上，但是阻挡我们前进的往往不是高山大海，而是鞋里的一粒沙子，“智库”的价值在于选路，也在于除去“沙子”。“智库”的第二个作用表现为筛选真问题。一所学校需要面对很多问题，管理者不可能一一独自解决，这就需要“智库”的介入。“智库”的第三个价值体现为对学校资源的中立化分配。一所学校的运转是一个系统，岗位必然有轻有重，但是不能人为地将人员分为三六九等，如何保持客观、冷静、多元、中立、科学的视角去分配资源，是“智库”需要解决的一个问题。

三、学校“智库”的选人和培养

学校的资源有限，不可能聘尽天下英才而用之，因此就需要学校管理者用伯乐之眼去识人用人，要从传统的学术场景中走出来、从论资排辈的习惯中走出来，在实践中去考查人，用项目制的管理方式给人才以平台，用工作室的组织形式让人才聚集。对于“智库”的选人和培养，不能只看理性思辨的能力和写文章的水平，还要兼顾在具体场景下实践的成效。此外，对新教师的培养要关注跨学科领域的培训历练，使潜在的“千里马”能够有机会选择属于自己的“跑道”。

一言以蔽之，办好一所学校不是一个人或几个人的事情，而是一个广开言路、“不惜以今日之我，难昔日之我”的自我革新的过程。

2019 年 4 月

干部培训我们还可以做什么

本周学校接待了济南市汶源学校、大连育文中学、聊城第九中学的来访，在张伟校长的安排下，我负责将学校“三人行”教育思想延伸出的相关做法为来访者一一作介绍。从来访者的互动反馈来看，大家对于学习的成效基本满意，但是当我追问他们回去后的行动策略时，他们大多没有明确的思路。反观自己，这学期我参加了多场教体局组织的干部领导力培训活动，专家的讲座对我的触动很大，加上每周一悟的写作，让我得以将专家的理念和自己的思考很好地整合。教育理念的提升卓有成效，但是在行动转化中，我感觉自己似乎有意无意地“偷懒”。上述现象不禁引发了我的思考，在教育干部的学习和培训中，是否有更加多元的道路可以尝试？

一、系统学习管理学知识

目前已经有学者研究如何推动“干部教育学”学科建设，结合已经成功开设多年的教育管理方向教育硕士学位课程的设置来看，系统掌握管理学的一般方法，是从源头提升教育干部管理（治理）能力的一个有效途径。

目前高校开设的教育管理类硕士学位课程大致有：教育哲学、教育行政管理、教育管理心理学、教学与人事管理、教育组织行为学、教育经济学、教育社会学、教育发展与教育现代化、教育人力资源开发与管理、教育法学、教育评价的理论与技术、教育预测与规划、管理决策理论与技术、比较教育、基础教育督导等。这些课程，我认为可以和省内外高校合作，在中层干部（含副校长）的任职资格培训时，采取灵活的学习方式展开。

二、教育干部的培训逻辑

教育干部基本上沿着“实践—认识—再实践—再认识”循环往复、螺旋式上升的方式成长。干部能否从新手期向成熟期转化，关键在于其能否从经验性认识上升到科学性认识。如果能够成功转型，则很有可能成为名校长或校长的得力助手，否则有可能走向边缘化或被淘汰。

当教育管理走向科学化，意味着教育干部必须掌握多学科知识，在传统的教育专业化知识培训和能力培训中，必须及时补充管理领域的新知识和新技能。同时，可以设定具体的项目化任务，以检验和提升管理知识系统性、整体性的学习效果。

例如，在教育干部科学化管理培训中，首先，要有明确的研究对象（解决哪类管理问题）；其次，要围绕该研究问题形成基本概念、基本假设和基本判断；再次，要确定具体可操作的研究范式和方法（在实践中锻炼）；最后，要形成不同层面的研究共同体（如教学副校长圈等）。

三、学校层面的行动思路

（1）将短期培训用系统的思维串联起来。学校层面很难有力量系统培训自己的中层干部，但这并不意味着我们只能束手无策。学校主要领导可以把学校中层干部当下最急需的学科、课程等整合起来统筹谋划，将学校有自主权的短期、多领域、灵活的培训，根据内容的内在逻辑串联起来，实现聚沙成塔的学习效果。

（2）选择组合拳式的培训形式。学校中层干部的培训，应该是上、中、下三路并进，即聚焦同一项目任务，让理论学习、跟岗观摩和实践反思尽可能由专人专项系统完成。

（3）跟住一组教育专家。当社会化培训项目过多，不知该如何选择时，可以紧紧跟住一组能取得联系的专家，参加他们组织的活动，再到他们的学校跟岗半个月，这样必然能让我们的培训思路大开，收获意想不到的效果。

（4）注意干部梯队建设。当前的中层干部任命体制和教师流动制度，使得一些中层干部不再连任。如何确保教育干部培训资源不被浪费，避免教育管理人才青黄不接的现象发生？学校要在干部培训中提前规划，给一些有潜力的年轻人学习的机会，让他们在耳濡目染中获得管理经验，成为潜在的中层干部替补队员。

综上所述，在学校干部的培训中，要统筹规划、提前布局，建立好管理人才培训机制，让更多的优秀干部不断涌现。

2019 年 5 月

人生下半场靠什么掌控局面

本月我度过了自己40岁的生日，当身体机能逐渐走下坡路，我不禁开始思考，如何在体力与灵活性均不占优势的年龄，让自己的能力跟得上岗位的要求？换句话说，对于四五十岁的教育管理人员来说，我们除了拥有所谓的经验优势（有时可能成为劣势）之外，是否还有一些我们可以操控的变量，来确保我们立于不败之地呢？现有的一些资料对此问题的回答往往都是在谈经验的转化，这种答案很难普及。后来我无意中从一本书中得到了启发，加上自己的思考，我想或许可以从如下三个方面入手。

一、心态调节

古人说“四十不惑”，可是现代人往往变成“四十不服”。当我们回顾审视人生上半场的得与失，全力投入思考人生下半场的目标到底是什么的时候，我们应该保持一种“与世界讲和”的心境。

（1）将心态调“静”。我认为心态调节的第一步是要坚守“静”。心静下来，有助于我们将全部注意力聚焦到当下正在做的事情上，找到解决问题的最佳方案。

（2）将心态调“宽”。在我看来心态调节的第二步是要做到“宽”。“宽”分为三层，一是对压力的“宽”。当我们面对不可能完成的任务、无奈的选择、批评和指责时，一笑而过反而能够调动自己的乐观与自信，重整旗鼓更是一种智慧与勇气。二是对名利的“宽”。在名利前让一让，多存感恩的心，才能获得平静的工作环境。三是对人的“宽”。要宽容豁达，更要公平待人；要给人以信任，更要给人以尊重。特别是在处理与上级政策相悖的人与事时，面对骂声更要保持微笑。

（3）将心态调“平”。所谓“平”，一方面是不与人攀比；另一方面是要追求极简自由的心，少做无用的事、少吃过饱的饭、少喝过头的酒。

二、精力管理

四五十岁的教育干部在体力与灵活性上可能比不过年轻的教育干部，但是精力是否充沛却不是完全取决于年龄这一变量。《掌控》一书的作者说，每个人都可以精力充沛地过一生。他开创的精力管理课程，将提升精力的本质行为浓缩为饮食、运动、休息三个简单、可操作的方面。

先说运动，作为承担较大工作压力的学校干部，应该一直坚持运动。但是与传统认识不同，这里的“运动”不是简单地等同于跑步和“举铁”等，而是要聚焦心肺功能、身体管理、柔韧性、耐力等具体指标进行锻炼。

再说饮食，年轻时我经常听老人说吃饭要吃八分饱，当时心想他们净瞎说，有好吃的我都是吃到十二分饱。但是随着年龄的增长，我深深感到饱食一顿并不会给我们带来多少舒适感，相反，当消化系统都忙于消化胃里的食物时，我们整个人就会困乏，工作效率也会低下。

最后说休息，到了四五十岁，我们或许已经感受到时间紧迫，再加上每日不得不承担的各种管理任务和家庭负担，总是让我们临睡前觉得有太多的事情没有做完，让熬夜成为家常便饭。其实熬夜会让人的血压等悄悄地变得不正常，甚至会引发失眠、焦虑等。面对这种高压状态，我自己的做法是赶紧躺下，睡眠和冥想是最好的降压药。

三、终身学习

古时候皇帝追求长生不老，王侯将相希望逆天改命，现在看来这些都是痴心妄想，但是当我们用开放的心态去不断学习教育领域的新理论、新成果，甚至结合自己的认识去改革时，其实就是给了我们这一群教育人“改命”的机会。

想要实现不同凡响的改革创举，抒写属于自己学校品牌或个人品牌的教育故事，只能依靠终身学习。我认为我们教育人除了政治理论学习、业务技能学习之外，还应当拿出“结硬寨、打呆仗”的决心来系统读书、反思、写作。步入四五十岁，该学的知识、该积累的经验已经有很多，这时候可以盯住一个方向，学深悟透，然后强迫自己输出，将自己的教育观念、教育主张和教育思想理清楚。当达到一定层次，输出就变成了一种最好的学习。

综上所述，在人生下半场的事业赛道上，我们要不乱于心，不困于情，聚集好自己有限的精力，管理好自己宝贵的时间，将精力与时间投入学习中，只有这样才能掌控当下，不畏将来。

2019年6月

学校管理干部应该秉持的思维方式

我在学校担任副校长已经6个年头，整天在教育管理一线，面对千头万绪的工作和形形色色的纠葛，总是不自觉地按照“教学为重”“效率至上”“资源驱动”的思路分类处理问题。但事实上问题永远处理不完，甚至很多时候会让自己陷入疲惫。直至年龄跨过40岁，我才略微对学校管理干部的工作状态有些许体会。我认为，让干部保持工作热情，成功驾驭工作的要素并不完全是个体的工作能力，还包括处理问题时所持的思维方式。现将我对这一问题的思考总结如下：

一、要事优先

处在“要事优先”这个思维层级的管理干部分为这样三种：第一种是精力充沛的新干部，他们眼中盯住的往往是需要完成的事，重要且紧急的事情永远排第一位。他们是学校领导的好助手，是学校的“消防兵”和“抢险队”，遇到问题带人上，人手不足自己上，但是他们对于问题为何总是发生却很少去研究，或最多研究两三步，问题解决之后就不再反思，结果是问题不断发生，干的越久抱怨越多。第二种是经验丰富的老干部，他们习惯于从自己的成功经验出发，快速甄别出上级任务的轻重缓急，是帮助领导缓解焦虑的好助手，但是一旦遇到以前没办过的新任务，或者环境和条件发生重大变化时，往往难以应对。第三种是业务精湛的猛干部，他们业务能力强，面对问题比领导还急，有的善于精打细算，有的善于研究个体案例，是帮助领导攻坚克难的好助手，但是他们一旦不能冷静地看待全局和复杂关系，长期下来必然会对学校产生不利影响。

因此，在这一思维层级的干部最需要补充的思维方式就是“换位思维”，缺少换位思维，可能会导致干部辛苦付出，其他人却不买账的局面。

二、先人后事

处在“先人后事”这个思维层级的教育干部，是“新学校”倡导者李希贵校长所认可和推崇的。这一思维层级的教育干部将眼前的急事、要事和难事，抽象成不同群体人与人的关系，工作重点也就不自觉地变为处理和理顺关系。这一思维方式很好，但同时又是一个慢功夫。

因此，在这一思维层级的干部最需要补充的思维方式就是“流程思维”，借助信息技术学科的一个名词“可视化”来说，就是在学校运行体系内，建立起大家都能看清的运转机制图，让每一个平凡的个体清楚自己的位置和价值，甚至在核心位置设置可以灵活补位的人选，帮助管理者对突发问题进行识别定位，避免出现照顾个体却耽误工作的情况出现。

三、借势助人

处在“借势助人”这个思维层级的教育干部，我认为他们心中已经没有事，而变得只有人。无论外面的风雨有多急，他们总是能将其转化为风能和雨露来滋养自己团队中的教师。这一思维层级的教育干部总是先人一步掌握教育系统的“大势”，并寻找自己学校可以率先实行的“小势”，让团队成员的努力与学校品牌和教师品牌的建构同心同向。但是这一思维层级也存在一些隐患，因为在较大规模的学校里，我们很难有足够的资源和精力为全部教师的发展找到出口。

因此，在这一思维层级的干部最需要补充的思维方式就是“系统思维”。有时为了避免产生教育改革的阻力，不得不进行“反常”的管理行为；有时为了获取支持，甚至要允许一些人“搭顺风车”。这时候最难的不是如何借势，而是如何系统思考。

四、造势成事

处在“造势成事”这个思维层级的教育干部，已经深谙教育规律，对教育政策、教育理论和教育实践了如指掌，算得上是教育系统的瑰宝。

在学校决定做什么的时候，他们已经做好了充分的准备，一出手就掌握主动、抓住关键。但是达到这个层级的干部往往无欲无求。

因此，在这一思维层级的干部最需要补充的思维方式就是“生态思维”，要审视和积极思考教育环境和复杂关系，以协同进化与和谐发展为价值取向。

概而言之，在教育外部要求与学校内部诉求快速增长的今天，教育领域的干部人才要素除能力和智慧外，还包括思维方式。积极建构和调整思维后，或许我们每一名能力普通的教育干部都会获得无穷的力量。

2019 年 6 月

基层学校如何管理人

近年来李沧区不断改扩建新学校，越来越多的老教师和骨干教师被派去支援新学校，使得很多传统学校短期内师资力量被迅速稀释，教师队伍陷入了“青黄不接”的局面。加上教师交流政策的不断实施，师校之间必然出现双向选择的新局面。如何用好手里的人，如何培养新教师、吸引老教师，已经成为各学校稳定提升办学品质必须面对的一个新问题。现将我对此的思考总结如下：

一、寻求人才管理模式的变革

传统学校偏好科层制管理方式，新式学校偏好项目制管理方式，似乎它们代表着两个时代校长的不同管理风格。孰优孰劣虽然尚无定论，但是当我经历了较大规模学校的管理后，我深刻感觉到科层制管理方式在寻求上级认同的工作中有着不可替代的作用，因此将办事稳妥的人放到传统的岗位上，是对学校工作的负责。而对于项目制管理方式，我认为更多的是要将管理岗位留给那些积极进取、思维灵活的人，他们能够向内部要效率、向外部要资源。同时，当学校进入稳定发展期后，管理者要在科层制和项目制管理方式之外，寻求人才创投的管理模式，以实现特色发展，吸引最大化的人才智力投入，将学校发展变成每一位教师自己的事情。

二、引入外部视角形成全域人才观念

学校管理者有自己熟悉的业务领域，也有自己不懂的业务领域，但是要想驱动学校的发展，我们必然要面对学校教育的全部领域。如何在自己不熟悉的领域辨识人才？我想最为简便的方法就是引入外部视角。学校管理者可以利用上级检查、督导和评估的机会，寻求外部专家对学校众多项目的识别和质量掌控，让他们帮助识别学校里的关键人才。

三、从观念和行动上培养人

从别处挖人永远比不上培养自己的人，只有让自己的人迅速成长起来，为他们寻求更好的发展，才能让学校的人才模式形成良性发展。我认为，学校领导必须承担起培养人的任务，一方面，要持续关注手中的好苗子，在其顺利的时候提醒，在其困顿的时候鼓励；另一方面，要深入了解好苗子的能力结构，确定他们最适合学校的什么岗位。此外，还要尽量为他们提供个性化的实践机会，并为其专业成长寻求外力支持。

四、转变人才观

在推进重点项目时，要保证核心项目人员的多样性，形成广开言路的氛围，让每一位教师尽己所能。我们必须清楚地认识到，学校的发展必须依靠稳定、高质量的教师队伍。学校领导只有转变人才观，为人才提供发展的机会和适合的空间，才能让学校在激烈的竞争中处于领先地位。

2019 年 9 月

用学科文化激发学科情感

当前，中小学教学实践越来越重视学生学习动机的提升，而提升学习动机的手段绝大多数是外部激励。无论激励形式是物质奖励还是精神奖励，激励方式是积分累计奖励还是阶段检测后奖励，它们都是对学生外部动机的驱动。但是关于如何有效提升学生的内部学习动机，往往没有很有效的办法，这使得激励效能减弱了。那该如何提升学生的内部学习动机呢？通过观察学生日常学习状态我发现，许多学习动机不足的学生都有一些共同特征，如他们都表现出学科情感淡薄、学科文化素养薄弱、学科学习的价值取向模糊等。这使得他们的学习只能简单地依赖外部的“赏”与“罚”，一旦教师或家长的督促跟不上，就会出现成绩大滑坡。

因此，我认为要想提升内部学习动机，可以从改善学科情感入手，而改善学科情感就要让学生体验到学科学习的魅力。李沧区数学教学研究团队目前开展的“数学文化”研究，很好地切中了数学学习动力源的要害。或许这将是激活学生内部学习动机的一个妙招。

一、何为学科文化

通过阅读相关文献，我对学科文化有了一个大致的了解。所谓学科文化，即学科在建设过程中，长期积淀而形成的具有共同特质的人生观、价值观、世界观及其成员特有的精神风貌、知识体系和相应的行为准则等系统的一种文化理论，具体表现为学科特有的语言、学科理念、价值标准、思维方式、伦理规范、学术精神及学科偶像（学科历史故事、学科专家）等。从结构上看，学科文化包括学科精神、学科范式和学科行为；从功能上看，学科文化具有规训功能、凝聚功能、濡化功能和承担学术责任的功能。

对中小学生来说，感受学科文化，就是要让他们在经历学科知识实践、探索、研究、发展的过程中提炼并形成他们自己根植于学科领域内特有的精神力量，获得价值导向，激活其自身对学科知识的渴望。

二、学科文化的价值

第一，学科文化的体验可以帮助学生树立正确的价值观，形成对人生、学业生涯的良好认识。第二，学科文化的学习可以帮助学生对学科学习产生憧憬，对学科著名人物产生崇拜，进而激发自身的追随和效仿欲望。第三，学科文化涉及的学科最新知识，可以拓展学生的视野，丰富他们的想象力。

三、感受学科文化的方法

一是推荐学生阅读学科课外读物，让他们了解学科全领域知识，特别是有趣、新奇的知识。学校应当建立学科图书架，集中摆放适合学生阅读的学科书籍，供他们课余学习。二是面向学生开展学科发展历史、经典人物故事的讲述活动，让他们感受“大神”们的魅力，激发他们学习和超越的梦想。我认为还可以建设学科教室，专门陈列相关历史故事和人物介绍的书籍，供学科爱好者自学。三是专门训练学科语言表达和学科思维，将学科文化内化于日常教学过程中。四是为学科教师提供交流学科文化的场所，甚至可以在教研活动中将这一主题作为必选模块进行讨论。五是在学校层面开展一些具备学科文化元素的活动，让学生在经历和体验中慢慢被文化浸润。六是在学校校园文化或班级文化建设中，给学科文化留有一席之地，让学科文化有一个展示的窗口。

总之，学科文化一旦培育起来，学生将会获得相对稳定的学科信念、价值观和学科情感。学科文化可以帮助学生重塑学习精神、约束懒惰行为，让学生在学科文化的熏陶中获得精神追求、取得自我建构的荣耀与激励，从而转变为持续努力的行为和辐射他人的能量。学生一旦有了追求，学科情感必然会得到提升，学科情感提升了，学生的内部学习动机将会大大增强。

2019 年 12 月

如何勾画良好的教学生态

近期区教育研究发展中心围绕“营造良好教学生态，打赢教学质量提升攻坚战”的教学工作主线开展了大量富有实效的活动。当我从研发中心公众号上首次看到“教学生态”这个提法时，我深深感觉到教学这一原本较为纯粹的系统进入了立体发展的时代。在这一背景下，学校该如何围绕教学把适宜教学发生的生态全貌建构好呢？现将我对此问题的思考总结如下：

一、何为教学生态

生态是指生物在一定的自然环境下生存和发展的状态，也指生物的生理特性和生活习性。简单地说，生态就是指一切生物的生存状态，以及它们之间和它与环境之间环环相扣的关系。延伸到教学领域，教学生态，我想应当定义为教学存在的环境，以及教学与环境之间的关系。

二、教学生态包含哪些系统

目前，各学校公众号对教学生态的响应形式最多的仍是由传统的教学、学生与课程所组成的教学系统。但从教学生态所应涵盖的系统构成来看，教学系统与其存在的环境是一个不可分割的整体，教学系统与其存在环境中的各组成系统并非孤立存在、静止不动的，而是相互联系、相互影响，甚至相对稳定的。

教学生态除了包括教学系统（教学模式研究、教学内容方法研究、教学设计研究、教学评价研究等）之外，至少还应当包括教师成长系统、学生动力系统、家长助力系统、技术驱动系统、教学干部精力管理系统、学科间均衡调剂系统等。

三、教学生态相关系统的调适

1. 教师成长系统

教师成长系统是与教学系统关系最为密切的一个支持系统，教师专业提升的动力源挖掘和保护得怎么样，很大程度上决定了教学生态的主要发展态势。对于不同发展阶段的教师，制定有针对性的引领措施是人力资源管理的重要工作。

2. 学习动力系统

目前很多学校已经开始关注学生学习动力、学科情感的问题，但是大家对此系统的干预手段往往停留在“奖励”这一层面。奖励带来的副作用较大，且对有些学生的效果往往很微弱。如同俗话说的“我们永远叫不醒装睡的人”，外部激励很难彻底改变学生的学习动力系统。这就需要我们从内部动力机制进行研究。这些都离不开德育工作的全面介入，因此学校要有一个懂心理学的德育干部。

3. 家长助力系统

传统家校工作的出发点是赢得家长的满意，但是即便是办学水平很高的学校，也不可能让家长百分之百满意。要想让家长成为学校教育的直接助力者，必须建立驱动家长、引导家长、帮助家长获得助力教学能力的全新机制。

4. 技术驱动系统

我们对技术应用的思路往往分为两派，一个是开放派，对新技术拿来就用，使用及维护负担很重，致使教学成效不升反降；另一个是保守派，对新技术避开不用，教学系统“新瓶装旧酒”，使得教学成效基本不变。当前，教学系统包含的教学内容、教师、学生、教学方法、目的、反馈等要素已经不可避免地被新技术包围。技术应用的关键早已经不是用不用的问题，而是如何用好的问题。我们要从以前的整合（融合）视角向个性化支持、减轻教学负担、提高效率的全新视角转变。具体来说，该系统应当包括智能教学系统、自适应学习系统、数字化评价系统、游戏化学习系统等。

5.教学干部精力管理系统

当教学系统长期高效运转后，学校的教学干部身心能否撑得住，是学校能否持续发展的关键因素。人的精力是有限的，如何节省教学干部的时间，把他们的精力管理好，是我们亟待解决的问题。

6.学科间均衡调剂系统

学科间的不平衡一直存在，特别是当一个班级出现强势教师后，会对教学系统产生影响，表现为集体偏科的情况，因此，应建构学科间的均衡调剂系统。

上述几个系统是综合运用生态学、教育学、心理学、传播学等相关理论来分析现实教育中的问题和需要，试图改进教学生态的一个构想。在教育实践中，各系统间是一种相互作用、相互融合、共同发展的关系。学校管理者要将教育生态中教学系统与其他系统的关系理顺，使各系统按照一定的规律进行教学能量的转换、循环和传递，最终形成和谐共生、动态平衡、对外部环境变化做出相应调整的统一体。这样一来，教学生态将会获得可持续发展，这才是品质课堂战略的最终目标和理想。

2019年12月

如何实现学校乒乓文化的迭代升级

——对汾阳路小学乒乓球项目特色的再思考

到青岛汾阳路小学工作将近一年了，在这期间我感受到了体育传统项目学校的“特色”和小规模偏远学校教师团队的“厚道”。正是这两种特色共同支撑着学校向上发展。但是当我作为亲历者，深入探究乒乓文化与学校办学理念是否存在深度融合时，我发现在学校文化领域其实还有不少文章可做，现将我的思考梳理如下：

一、从乒乓文化到学校文化的迭代升级

关于如何将乒乓球项目特色升级为学校整体特色，历任学校领导都有思考，这体现在学校的校训“手握快乐，心拥梦想”之中。细品这一校训，它灵动地彰显了乒乓球带来的快乐状态和向上追求。不过当进一步思考这一校训对于学校办学目标的体现是否到位时，直白的表达似乎又略显模糊。

在“快乐”和“梦想”之外，汾阳学子是否有更多元的追求？在品质课堂的大背景下，追求快乐的同时能否达成学业质量的提升？带着对这两个问题的思考，我查询了相关文献。乒乓球的“圆”、球台的“方”、运动的“竞”、成功的“乐”是乒乓球运动外显的特点，借助具象的乒乓球可以弹射出更多抽象的文化元素。

对“圆”的理解，我锁定为“圆融通慧”一词。学习的终极目标是学以致用，因此将所学融会贯通，是对学习目标的终极表达。

对“方”的理解，我锁定为“方行正心”一词。《礼记·大学》中说道：“欲治其国者，先齐其家；欲齐其家者，先修其身；欲修其身者，先正其心；欲正其心者，先诚其意；欲诚其意者，先致其知……”修养自身的品性，端正自己的心思正是当下立德树人的要求。

对“竞”的理解，我锁定为“卓尔不争”一词。《道德经》有云：

“夫唯不争，故莫能与之争。”《汉书·景十三王传赞》有云：“夫唯大雅，卓尔不群。”这其中蕴含着竞争的最高境界：强大自身，且“有所为有所不为”。其中“强”与“不为”恰恰是不断精进的学习核心技能和懂得取舍的做人智慧，两者合并就是学生踏入社会后成功的关键和基础。

对“乐”的理解，我锁定为“以苦为乐”一词。李新《为有源头活水来》一文中曾说：“要结合实际工作和革命斗争的需要来学，学以致用，并且勤学苦学。”可见，把学习简单地描绘成“快乐”有些欠妥，而且心理学研究表明，最佳学习状态需要一定的压力。一味追求快乐，难以提升学业质量。因此，学会感知、理解且正确认识学习之苦，在突破学习困难中体验到自己的价值才能打开快乐之门。

我认为，“圆融通慧，方行正心”的育人目标，配合“卓尔不争，以苦为乐”的学子风范，是乒乓精神在学校文化中的精确表达。

二、从学校文化到管理文化的落地生根

与学校的管理团队和教师团队接触近一年以来，“厚道”的感觉一直萦绕在我内心。如果将汾阳人的“厚道”拆解开，我觉得可以分为至善的人性、团队的互信、领导（被领导）的自觉和谦虚的态度这四个方面。作为竞技体育项目的乒乓球运动给汾阳人带来的影响，我认为可以总结为卓越的追求、敏锐的研判、研究的态度和坚定的情怀。“厚道”文化与竞技体育特色的和谐共存，恰恰是学校最为宝贵的财富，因此学校文化应当在这一点落地生根。

1.在管理文化上落地

学校的领导班子应当将做事严谨、待人和善、先人后事、容强扶弱、勤于实践、稳重低调等作为领导与管理的准则。学校各级管理团队应当秉持“圆融”的管理理念，用信任激活教师的创造力，唤醒教师的责任意识，激发教师的担当精神，将教师的个人发展与学校发展相融合。

2.在育人文化上落地

学校在塑造育人文化时应当做到知行合一、快乐成长、把握当下、着眼未来。汾阳路小学的学生大多来自待拆老城区的临时住所，可以从

学科文化、实践应用、家校合作等方面入手，构建起学生的学习内驱力和家庭学习氛围，同时辅以多元的评价方式，充分挖掘青岛市“十个一”行动计划背后的价值，实现学生的全面发展。

3. 在教师文化上落地

学校教师团队应当携手合作，共融共通。小规模学校的教师发展往往是个短板，因此，学校必须着力解决这一关键问题。可以依据学校制度和同事情感构建教师团队，倡导工作上的合作、生活与情感上的关照，明确幸福人生的追求。

4. 在家校文化上落地

学校在处理家校关系和师生关系时，应当做到融情服务、先人后事，构建和谐环境，家校和、心气顺才能赢得支持。俗话说“亲其师，才能信其道，爱其术”，用兴趣引导、用情感影响、用课程服务，打造共生共赢的家校文化将是学校发展的必选之路。

综上所述，一所传统特色项目学校会经历从项目特色到学校特色的发展，从学校特色到学校文化的升级，从学校文化到办学育人的辐射。文化育人、道德管理是我们基层学校管理者追求的终极目标，因此对学校育人目标和学校文化建构的思考一刻也不能停歇。

2020 年 4 月

如何用评价引发教师改变

教师的个体差异和教育教学过程的动态生成性导致教育教学的多样性，而教育教学的多样性又导致学校管理者在教师评价时很难科学全面地制定出评价标准。因此，一些基层学校在开展教师评价时，要么直接套用“德、能、勤、绩、廉”的公务员评价办法，要么采取“民主评议”的简单方式，要么采取“各业务完成情况积分”的累加评价方法。这三种方式其实从不同角度忽视了教师工作的过程性、情境性和个性化。那么该如何调整教师评价的维度，促进教师发展呢？现将我的思考总结如下：

一、对评价功能的再认识

学校管理者应当把评价从“区分”或“选拔”的工具转变为“激活”与“认同”的手段。评价时可以通过还原教师工作中的核心要素与关键事件，激活教师的获得感，承认其在不同发展阶段的成就，最终实现评价活动对每一位教师自觉发展的推动作用。

二、对评价技术的再认识

现有的教师评价技术主要分为两种模式，一种是简单模式，即将民主评议作为核心权重，认为大家说好的教师就是好教师，这样评价的问题在于基本放弃了价值引导；另一种则是积分模式，即将教师工作全部量化，积分高的胜出，这样评价的问题在于操作过于机械，将教师的发展引向了平面化。

三、教师评价如何破局

（1）评价维度应增加对教育政策的接受力、学习意识和调整力度的评价。目前公众对教育要求越来越高，教师如果还以几十年不变的育人思想和行事方法去处理新问题，必然会产生各种矛盾，因此对教育政策的把握和执行应当纳入教师评价范畴。

（2）对师德的评价应当具有可操作性。目前教育领域都在强调师德，师德是教师个体发展的首要因素，而在传统的教师评价中，师德虽然可以定性描述，也可以列出负面清单，但是对于正面的评价往往只有方向而缺少标准，因此应加强对教师师德的可操作性评价。

（3）将教师业绩评价作为团队整体评价中的一部分，而不是单独的个体评价，这样可以有效促进学校的整体发展。

（4）评价权重应突出校级荣誉的分量，以平衡民主评议的“失真”。学校在设置评价维度时，对校级荣誉的评价体现了管理者的智慧，特别是对校级荣誉的设置应当以评优评先中所忽略的教师实践贡献为主体。

（5）在量化评价的基础上附加对关键事件的评价，以实现对个体贡献的差异化激励。特别是要做好对教师类型（如成长型、家庭型、当下型、自我型）的识别，调节个性化评价方式。

（6）对于新建校，可以让教师参与评价标准的制定，在全体大会上讲解标准是如何产生的，以及标准对每个人的意义和价值，使大家形成共识。

一言以蔽之，评价是一把双刃剑，只有突破原有思路，将评价由“按套路办”变成激励与驱动的价值引领工具，才有可能促成教师的自我发展，实现整个教师队伍的群体提升。

2020 年 5 月

学校内部工作如何协同

最近中共青岛市委组织部转发了《协同管理的挑战不在技能，在于心性》一文，学校组织党员对全文进行了学习。该文从企业管理的视角对“协同”概念提出的理论背景及操作价值进行了分析，内容引人深思。作为传统事业单位，学校能否从企业协同管理中得到启发，构建起学校内部人、事协同的机制，实现学校各行政部门、各学段、各学科教师间的有效协作呢？现将我的思考总结如下：

一、协同的基础是将个体目标与组织目标打通

学校与企业在组织目标与个体目标的关联度上存在一定差别。对于学校来说，将学校的组织目标分解成众多教师的个体目标，让组织目标与个体目标捆绑在一起，群体的共鸣才会发生。

二、协同赖以存在的环境基础是信任关系

对协同威胁最大的不是观念和方法，而是组织内部的信任基础，这一点对企业和学校的意义是相同的。打造协同的环境最关键的问题是形成信息交换的良性机制。如果在一个组织中个体间彼此不信任，有事情不直接沟通，久而久之必然会破坏组织内部的信任关系。特别是学校主要领导，一定要与分管领导分享信息，以便形成统一的决策和执行力量。切记不要让自己高高在上，独享信息。同理，教师群体的协同也依赖于学校建立一种平等、亲切的沟通氛围和组织形态。同事之间可以顺畅地交换意见，坦露彼此的观点，才能为协同创设基本的环境基础。

三、协同需要尊重个体崛起

在学校，处在人生不同阶段的教师都可能遇到发展停滞或发展缓慢

的时期，这时就更需要其他岗位人员的协作支持。此外，学校管理者要理解和支持那些有才华但个性独特的人，而不能总是盯着他们的“问题”，否则会让他们畏缩不前，从而错失学校的发展机遇。学校如果打压个体发展，会破坏进取的工作氛围。

四、协同的视角要与组织的规模相匹配

大规模学校要采取逐层拆解任务的管理方式，动员各级部协助完成任务。反之，对于小规模学校来说，管理的方式则要灵活些。管理者要加强教师群体间的协同研究，努力构建默契的共事文化。在小规模学校，由于可支配的资源有限，最忌讳将全部核心资源投到某一个或某几个领域。

五、协同的最高境界是与外部力量同步协同

除了内部协同之外，汾阳路小学还尝试在学校后勤管理中引入外部协同力量，如学校征集家长志愿者参与学校餐厨垃圾的收集管理，每周让家长统计出垃圾剩余量排行榜，作为奖励光盘行动践行者的依据。这一举措极大调动了家长的协同积极性。

综上所述，分工让劳动效率最大化，分权让管理效率最大化，分利让个体效率最大化，但是整体效率最大化的问题，是“分”无法解决的，我们要依赖“合”，只有“协同”方能实现集体力量优势。此外，学校管理者还应当深刻理解，“协同”不仅是体力的集合，还是集体智慧的发扬。

2020 年 5 月

构建“诚契同”的学校群体关系

随着奖励性津贴文件的落实，教师收入有了实实在在的提升。但是“多劳多得”的津贴发放原则，使教师的收入拉开了差距，这或多或少地触痛了一部分教师的神经。如何弥合不同群体的观念，让正能量在学校中成为主流，将津贴变成激励教师“干得更多”，而非彼此盯着“是否少干”的措施？这极大地考验着学校领导团队的智慧。现将我的思考总结如下：

一、学校内不同群体间的关系

人与人之间和谐共处的前提是有基本的沟通渠道，而沟通渠道畅通的核心要素往往是平等的对话方式。鉴于此，要想实现班主任群体、干部群体、小学科群体、后勤群体等之间的和谐关系，必须创设一种彼此能够“好好说话”的沟通机制。要实现这种同事间的交流氛围，我认为学校管理者应当确定三种关系基调：一是开诚心、见诚意，鼓励教师有话直说，在争议面前少猜忌、少背后议论，因为直接沟通是弥合不同观念且破坏力最小的办法；二是融情理、共契合，利用全体教师会、专题会议的机会，从情感和道理双向切入涉及教师切身利益问题的探讨，引导不同群体教师换位思考；三是尊个体、重协同，在学校内部建立求同存异的矛盾处理方式，当群体间产生利益冲突后，管理层应为不同群体提供公正的平台，让他们交流不同的意见。

二、如何强化主流群体的价值定位

虽然良性关系建构的前提是平等，但平等不等于平均，学校在利益分配时不能按照平均主义。文件规定往往是严谨的，我们在实践中可以融入理与情。学校管理者要以精准定位和科学测算推动上级文件的落实。

三、如何弥合不同群体的观念

（1）价值导向。充分挖掘学校文化的内涵，实现学校文化对人心与人情的融合，在学校不同群体间建构与人为善、成人之美、常怀感激的价值导向。同时，要特别关注个体的情绪和认知，将其对自我的定位引导到对学校具体的价值贡献上。

（2）沟通机制。加强不同群体间沟通机制的建立。学校可以采取办公室布局、工会小组和党小组设置等软硬结合的手段，使不同群体间建立起弱联系、小合作。还可以通过开展组间互动，从教学业务之外寻求教师互通有无、分享喜乐的支点。其实在建立沟通机制时，我们没必要追求绝对统一的口径和观点，只要教师的观点有地方发声，即便最终没有按其观点执行，也会比"不被倾听、被迫执行"的效果好很多。良好的沟通机制可以有效避免"谈工作伤感情"的状况发生，还可以减少干群间模棱两可的无效沟通。

（3）评价促进。在教师评价中，学校管理者可以适度扩大不同群体间评价的权重，通过评价促进不同群体间相互服务、相互理解；还可以利用不同的项目任务，将跨部门、跨学科的教师聚集起来，建立成果与责任的连带关系。

综上所述，我们应当坚持开诚布公、情理契合、协同共生的教师群体关系处理原则。在这一原则下，管理者还应当尊重不同群体的想法，耐心倾听不同意见，给予群体代表以信任，让不同群体"同向而行"。

2020 年 6 月

让全员育人的理想照进现实

——如何重塑教师的德育意识

党的十八大明确提出，把立德树人作为教育的根本任务，培养德智体美全面发展的社会主义建设者和接班人。它将培养什么人、为谁培养人的思考提升为教育的首要问题。在基础教育领域，语文和思政课的教师成为落实这一任务的中坚力量，但其他学科的教师似乎找不到发力点。虽然有些学校提出了全员育人的行动方向，但具体的落实路径却较为模糊。如何让党的指引在学校落地，让全员育人的思路不落空，成为极具现实意义的问题。现将我对此的思考总结如下：

一、提升非德育教师的育人能力

从国家课程建设和师资培训方面看，语文和思政课教师在新教材的培训和实施中，基本成为贯彻“立德树人”任务的第一梯队。但是其他学科教师特别是非班主任的任课教师，由于缺少基本的培训和指导，往往缺乏在教学中开展“立德树人”教育的能力。因此，学校层面需要提倡和引导全体教师开展德育规律、德育途径、德育内容等方面的研究，并为相关工作的开展提供保障。

二、寻找非德育教师的育人切入点

一是挖掘特有的学科文化，从学科历史人物和故事中寻找人文精神和科学精神。二是关注学科课程的价值探究，让学生感知学科价值对当下及未来成长的意义。三是在学习方式中感悟道德特质。我们在学习中倡导交流与合作，其实也是一种社会交往方式。四是积极跟进在课堂中发现的德育事件，而不要等到课后找班主任解决。

四、锁定学生的道德困惑，满足学生的内心需求

在日常教学中，我们往往重视对学生违反道德常规现象的处理，关注对正确行为的表彰，却缺乏对违反道德常规现象背后原因的剖析。解决学生内心的道德困惑，进而满足学生的内心需求，才能从根上处理好违反道德常规的问题，将德育内容植入学生内心。

五、像研究学科学习一样研究道德学习

学科教已由“重教”转向“重学”，学校层面可以组织相关非德育教师联系日常教学和学生生活实际开展道德研究，从研究学生心理、学生冲突、行为矫正入手，最终研究如何让学生“学得”道德。对于在学科教学中落实德育，我们可以选择项目讨论和引导学生进行自我反思的方式进行。

综上所述，教育的目的不仅是传授知识，还要在受教育者心中树立国家利益至上的价值观念、团队合作的价值观念、诚信受益的价值观念等。这些内容仅仅依靠德育教师来完成是十分艰巨的，学校必须整合全部教育力量，将德育意识融于每一位教师的每一堂课和每一天的示范中。

2020 年 8 月

探究汾阳路小学乒乓精神的文化之根

乒乓精神是学校体育团队的一种魂，这种魂可以让人不分寒暑、不论早晚、始终如一地训练。这种精神是在吴乃蝉老师的身体力行下建构的，又在两位年轻体育教师中传承下来。周日是学校乒乓球团队每周唯一休息的一天，但是在区教体局的指导下，我校乒乓球团队毅然接下了社区乒乓球节的承办任务。没有怨言、没有索取，我想这种乒乓精神已然成为体育团队的一种内在的文化根基。这种力量，值得我们学习和借鉴。

一、坚持不懈、自我突破的身体文化

学校的乒乓精神蕴涵在日复一日、年复一年的训练中。这是一种身体的参与和感知，当身体的行为经年累月，形成了坚持不懈、自我突破的身体文化后，这种身体文化又反向塑造了人的精神，身体文化对精神的影响就是不炫耀、踏实做。

二、追求卓越、团队齐心的项目文化

2019年，校队取得了历史性的突破，40多年来首次获得“八大杯比赛”的团体冠军，这一成绩的取得体现了乒乓球的项目文化——既追求个人球技的精进，又重视团队的排兵布阵。个人技术的发挥加上严密、互助的团队战术，让一所校队战胜了省队、市队。

三、每球必争、心拥梦想的“6jing文化”

学校的前任校长袁玲梳理出了“6jing文化”，其核心要素就是“竞”，一球不争何以争天下的态度，以及面对强敌敢于拼搏的心境，造就了汾阳乒乓精神的文化根基。

四、不断学习、自我超越的学习文化

每逢国内外大赛直播，吴老师总是坐在电视机前认真学习。看到核心战法，他总是多方探究并亲自验证。对于自己培养出的国字号队员，有机会时他便亲临赛场给他们加油助威，同时还询问最新的战术，并将新战术让小队员试验。学习这件事在一位70岁的老人看来是钻研技术所必需的。

五、令行禁止、严格管教的制度文化

训练时，教练员不准接打电话、玩手机，学员不分长幼都要坚持到底，家长们都要参与捡球和助教，每天的例行训话是最具仪式感的教化。在吴老师眼中，守规矩、学做人是打球的前提。正是在严苛的制度文化统领下，一批批学员才会不走样。

总之，汾阳乒乓精神是在文化的沃土之上获得了源源不断的动力，这种体育文化给了汾阳学子以信心和梦想。学校的其他学科和领域应当珍视身边这一宝贵的文化资源，充分挖掘乒乓精神及其背后的文化精髓，让这一文化浸染每一位汾阳人，激发起汾阳教育全面复兴的新动能。

2020年9月

后　记

自2002年起，我在青岛市李沧区教体局教育信息装备中心（原电教站）工作了12年，亲身经历了我国义务教育阶段教育信息化发展的几个重要时期：从校校通工程的“天网大锅盖”时代，到班班通工程的“交互式电子白板”时代，再到人人通项目的“电子书包”时代。李沧区教体局教育信息装备中心的平台，让我获得了向国内一线专家学习、与他们交流的机会，彻底打开了我的眼界和思维。在技术领跑的教育变革之路上，作为区县一级的信息技术专干，我曾经十分痴迷地认为教育的明天只有信息技术人才能引领和掌控。

2014年，我满怀“仗剑走天涯”的激情和梦想，带着深深的信息技术烙印来到一线学校，从教体局的一名信息技术专干转型为基层学校的教育管理干部。在青岛沧口学校（李沧区第一所九年一贯制学校）任职期间，高起点的资源平台、兼有中小学的教育实践环境，让我经历了全区教育改革中最多的挑战和机遇，特别是跟随两位领导（李沧区教育研究发展中心主任刘国宏、首批齐鲁名校长张伟）的学习使我的教育视野更加开阔。2015年，我有幸进入山东师范大学教育学部学习（教育硕士），在导师陆宏教授，学部领导徐继存、车丽娜教授的指导下，我在教育研究方面得到系统训练，提升了教育观察力和研究力。2018年，在领导推荐下我加盟了李红梅名校长工作室，得以与众多一线名校长有了近距离接触，和他们共同学习，使我的教育视角更多元。这些成长经历使我明白了信息技术对于当下教育的现实意义，让我习惯采用工科思维、信息思维去尝试理解一线教育，努力探究一线教育领域每一个典型事件、每一类问题现象背后的原因，而后运用信息思维去预判和干预。

在学校里，我阅读了大量当下一线教育管理者的著作。这些著作大多是由名校长或名师（名教研员）撰写的。无论是掌舵一学校，还是探究一学科，他们都有着丰富的实践经验和对某一领域的系统思考。这些经验和思考的深层逻辑往往源自管理学和心理学的知识背景。然而当下一些教育管理者却鲜有信息技术学科背景。

这一现象带给我全新的思考维度：既然一线信息技术的影响力取决于管理者的认识程度，而管理者的认识起点又缺少信息技术学科背景，我是否可以将自己看到的教育管理现象用信息技术人特有的视角重新审视，探究一些新的教育管理可能呢？

借着完成教体局“每周一悟”的引子，结合我自己“源码同观”工作室的任务驱动，我一边读书一边思考，以一位有信息技术学科背景的一线管理副职人员的视角写了100余篇教育反思并节选一部分结集成本书。本书是我对当下一线基础教育的思考和感悟，合计约二十万字。由于水平有限，希望有缘看到此书的领导、同事、朋友和其他读者，别笑我太嫩，别笑我太痴，权当是看一个信息技术人对学科专业和教育工作的一份热爱和情怀。

感谢爱人丁媛、女儿仇萱珆在我写作期间给予的理解和支持，感谢学校领导（汾阳路小学邵斌校长）、师长（青岛市教科院孙泓老师）和朋友们对我的鼓励和帮助。有了你们，我才有完成本书的动力。

仇立岗

2021年6月16日于青岛烟墩山畔